KLEINE AUSZEITEN
AN DER

-NIEDERLÄNDISCHEN NORDSEEKÜSTE-

KLEINE AUSZEITEN
AN DER

NIEDERLÄNDISCHEN NORDSEEKÜSTE

HANS ZAGLITSCH

WOCHENEND & WOHNMOBIL

CAMPING- & STELLPLÄTZE · HIGHLIGHTS · AKTIVITÄTEN

BRUCKMANN

INHALT

EINLEITUNG 6
Sonne, Strand und mehr
»Welkom« an der niederländischen Nordseeküste!

1 Badeort & Künstleridylle 14
Domburg und Walcheren

2 Das Herz von Walcheren 22
Rund um Middelburg

3 An der Grenze zu Belgien 34
Zeeuws-Vlaanderen

4 Einfach relaxen 46
Der Westzipfel von Schouwen-Duiveland

5 Eine Stadt unter Denkmalschutz 54
Zierikzee

6 Maashatten 62
Die vielen Gesichter Rotterdams

7 Das politische Zentrum 72
Rund um Den Haag

8 Alt & lebendig 82
Die Universitätsstadt Leiden

9 Charmante City 90
Haarlem – das kleine Amsterdam

10 Architektur-Juwel 100
Die Hauptstadt Amsterdam

Schade, dass man hier nicht übernachten darf.

11 Die populären Badeorte **112**
Aan Zee

12 Zwischen den Meeren **120**
Die Region um Zaandam

13 Eine Käsestadt mit Flair **126**
Alkmaar und das Umland

14 Zuiderzee **134**
Hoorn und Enkhuizen

15 Am Kopf von Noord-Holland **144**
Den Helder

16 Watteninseln **152**
Texel, Vlieland, Terschelling, Ameland, Schiermonnikoog

Orts- und Sachregister 166
Impressum 168

SONNE, STRAND UND MEHR

»Welkom« an der niederländischen Nordseeküste!

Genuss pur am Strand von Domburg

Die niederländische Küstenregion und ihre touristische Infrastruktur sind ein wahres Paradies für Wohnmobilisten. Rund 500 Kilometer Küste erstrecken sich von der Watteninsel Schiermonnikoog im Norden bis nach Zeeuws-Vlaanderen im Süden an der belgischen Grenze – hervorragend erschlossen, landschaftlich abwechslungsreich und mit unzähligen Attraktionen für alle Interessen und Altersstufen.

Wer mit seinem Wohnmobil an die niederländische Nordseeküste fährt, hat vom ersten Augenblick an Urlaubs-Feeling pur. An manchen Stellen kann man bis fast an den Strand heranfahren, das Wohnmobil parken, die Campingstühle ausklappen und die Füße ausstrecken oder gleich mal in die kühle Nordsee tauchen. Bei einem kleinen Imbiss oder Kaffee und Kuchen – schließlich hat man seine Küche ja stets dabei – lässt sich dann ganz entspannt die Strandszenerie und das Treiben am Wasser beobachten. Und wenn sich der Tag zu Ende neigt, kann man – vielleicht bei einem Gläschen Wein – gleich noch auf einen der spektakulären Sonnenuntergänge warten. Nur übernachten darf man dort nicht.
Wer möchte, kann es aber auch so halten wie die Einheimischen: in der frischen Nordseeluft am Strand spazieren gehen und sich vom Wind so richtig durchpusten lassen. »Uitwaaien aan zee« nennen die Niederländer diese beliebte Freizeitbeschäftigung. An Wochenenden kann es zwar auch mal zu überfüllteren Stränden und ausgebuchten Campingplätzen kommen, das sollte Sie jedoch nicht davon abhalten, hierher zu kommen und eine kleine Auszeit zu genießen. Schließlich hat auch das Hinterland der Küste noch viel Interessantes zu bieten.

DIE KÜSTENREGIONEN

Die etwa 500 Kilometer lange Küstenregion von der nördlichen Watteninsel Schiermonnikoog bis ins südliche Zeeuws-Vlaanderen (Seeländisch Flandern) ist landschaftlich sehr abwechslungsreich, mit breiten, kilometerlangen feinsandigen Stränden, schützenden Dünen und Deichen. Hinter den natürlichen und künstlichen Schutzwallen erstrecken sich bunte Blumenfelder, sattgrüne Weiden und Wiesen, durchzogen von Grachten und Kanälen mit Windmühlen am Ufer. Dazwischen liegen stille Weiher und Fischerdörfer, reizvolle Naturschutzgebiete, intakte Festungsstädte und lebhafte, teils architektonisch, teils kulturell und historische interessante Groß- und Kleinstädte mit altehrwürdigen Bauwerken und innovativer, moderner Architektur sowie international renommierten Museen, in denen Werke alter Meister neben denen bekannter Künstler der Gegenwart ausgestellt sind.

Das wohl beliebteste Ziel an der Küste ist die **Provinz Zeeland** (Seite 14–61), eine Region im Südwesten der Niederlande, die aus Inseln und Halbinseln besteht, welche mit einer Handvoll Brücken verbunden sind. Die Provinz liegt im Mündungsdelta von Rhein, Maas und Schelde und war jahrhundertelang vom Festland abgeschnitten. Fähren füllten die Lücken in der Infrastruktur. Nach und nach wurden Dämme, Deiche und Brücken angelegt, die das Inselreich langsam aus der Isolation brachten. Lediglich Zeeuws-Vlaanderen, der südlichste Teil der Provinz entlang der belgischen Grenze, musste lange auf eine feste Verbindung mit dem Rest des Landes warten. Mitte 2003 wurde schließlich der Tunnel unter der Westerschelde bei Terneuzen eröffnet, der die Lücke im Verkehrsnetz schloss.

Im Norden schließt an Zeeland die **Provinz Zuid-Holland** (Seite 62–89) zwischen Rotterdam und Leiden an. In diesem Küstenabschnitt liegen einige Metropolen dicht aneinander; hier schlägt auch das Herz der niederländischen Wirtschaft und Politik. Die Grenzen etwa von Rotterdam zu den umliegenden Kleinstädten oder der Übergang von Den Haag nach Delft ist kaum noch sichtbar. Das urbane Gebiet hat seine ganz besonderen Reize und Highlights.

◀ In Reih´ und Glied ▶ Typische Architektur an der Zaan

Die Windmühlen von Kinderdijk

Von Haarlem über Amsterdam bis zur Watteninsel Texel erstreckt sich die **Provinz Noord-Holland** (Seite 90–165), die mit dem Nationalpark Zuid-Kennemerland, der Zaan-Region, der Käsestadt Alkmaar und wunderschönen Stränden sich bestens für Aktiv- und Badeurlaub eignet – ebenso wie die Watteninseln Vlieland, Terschelling, Ameland und Schiermonnikoog. Jede Insel hat ihre eigene Geschichte, ihr eigenes Gesicht und ihre besonderen Schönheiten, die entdeckt werden wollen.

DIE ZIELE DIESES REISEFÜHRERS

Dieser Wohnmobilführer stellt Ihnen 16 interessante Ziele entlang der Küste vor. Er führt Sie durch historische Städte mit intakten Ortskernen, beschauliche Dörfer und zu interessanten Sehenswürdigkeiten und zeigt Ihnen Möglichkeiten, die Auszeit auch aktiv zu nutzen. Am Ende jedes Kapitels gibt es wichtige Überblicksinformationen, etwa die Adressen der Touristinformationsstellen, eine Übersicht der Highlights, die Sie keineswegs verpassen sollten, sowie Praktisches zu Stell- und Campingplätzen. Im Infoblock werden auch Vorschläge für die Aufenthaltsdauer gemacht – diese sollten aber nur als grober Anhaltspunkt betrachtet werden, denn zwei Tage, drei Tage oder doch eine ganze Woche unterwegs zu sein, ist aufgrund des Angebots an Sehenswürdigkeiten und Freizeitmöglichkeiten kein Problem. An vielen Orten lässt es sich ohne Weiteres tagelang aushalten, und die Highlights lassen sich durch die Distanzen zudem auch gut verbinden. Das Netz an Verkehrswegen ist gut, ebenso der Zustand der Straßen; Staus kommen eher an Werktagen während der Hauptverkehrszeit in den Ballungsgebieten vor.

Stellplatz am Veerse meer

STELL- ODER CAMPINGPLATZ?

Beinahe könnte man sagen, dass ein Wohnwagen zur Grundausstattung jeder niederländischen Familie gehört. Campen, ob mit Zelt, Wohnmobil oder Wohnwagen, ist in den Niederlanden seit Jahrzehnten eine beliebte Urlaubsform, fast schon ein Teil der Identität. Die Infrastruktur in Sachen Camping an der Küste ist deshalb hervorragend und sogar mehr als flächendeckend, sprich es gibt immer einen Platz in der Nähe, egal, was Sie unternehmen möchten, egal, welche Ansprüche Sie haben, egal, welche Orte Sie besuchen möchten.

Stellplätze für Wohnmobile sind meist in einem Campingplatz integriert, vor allem auf den Plätzen der großen Vermieter wie Roompot oder Adoer. Auf diesen gibt es eine umfangreiche Infrastruktur, vom Brötchenservice am Morgen über private Sanitärhäuschen am Platz, überdachte Schwimmbecken und Spielplätze bis hin zur Unterhaltung für die ganze Familie.

Wer es ruhiger haben möchte, sollte bevorzugt einen sogenannten Minicamping wählen, auf Niederländisch oft auch als »Boerderijcamping« (Camping am Bauernhof) bezeichnet. Dabei handelt es sich in der Regel um ehemaliges Agrarland rund um einen Bauernhof – mit Grasfläche, der notwendigen Infrastruktur und etwa zehn bis 25 Plätzen. In den Sommermonaten sollte der Platz reserviert werden. Die Sprache ist selten ein Problem. An der Küste wird im Tourismus fast überall Deutsch gesprochen und Englisch sowieso.

In einigen Großstädten sind Stellplätze für Wohnmobile oft am Stadtrand vorhanden, allerdings nur für kleinere Camper, weshalb die Anreise für eine Besichtigung mit öffentlichen Verkehrsmitteln oder dem Rad empfehlenswerter ist.

AKTIV AM UND IM WASSER

Das Angebot an Aktivitäten in Sachen Wassersport an der Küste kennt fast keine Grenzen: Windsurfen, Wellenreiten, Kitesurfen, Stand-up-Paddeln, Kajakfahren, Segeln, Schnorcheln, Tauchen … Vielerorts werden Schnupper-, Anfänger- und Fortgeschrittenenkurse für diverse Sportarten angeboten, Ausrüstungsgegenstände verkauft und/oder vermietet. Beliebte Spots zum Surfen und Surfschulen sind unter anderem in Cadzand-Bad, Domburg, Renesse, Vrouwenpolder und Brouwersdam, Wijk aan Zee sowie Egmond aan Zee zu finden. Beim Tauchen hat sich vor allem das Feriendorf Scharendijke einen Namen gemacht, wegen der abwechslungsreichen Tauchmöglichkeiten unter anderem zu den Schiffswracks, die im Grevelingenmeer versenkt wurden. Informationen zu den Möglichkeiten finden Sie zum Beispiel unter zeeland.com/de-de/visit/was-unternehmen/wassersport.

Für ausgedehnte Spaziergänge sind natürlich die Strände bestens geeignet, zum Wandern empfehlen sich die Naturschutzgebiete wie das Zwin an der belgischen Grenze, De Manteling oder Oranjezon bei Domburg, der Nationalpark Zuid-Kennemerland bei Haarlem sowie die Dünenlandschaft bei Schoorl.

Einweisung in der ersten Surfstunde

EIN PARADIES FÜR RADFAHRER

Die Aktivität in der Küstenregion schlechthin ist allerdings das Radfahren. Wen sollte das auch wundern, gelten die Niederlande mit ihrem 38 000 Kilometer langen Radwegenetz schließlich als Radlerparadies par excellence in Europa. Die Radwege sind größtenteils asphaltiert und vom restlichen Straßenverkehr baulich getrennt. Ab und an verlaufen sie auch auf verkehrsarmen Nebenstraßen und Wirtschaftswegen, wobei am Straßenrand häufig ein Farbstreifen mit Sperrlinie für die Radler angelegt wurde. Entlang von Flüssen, in Wäldern und Naturschutzgebieten sind die Radwege gepflastert oder mit Kies befestigt. Die Beschilderung der Radwege ist hervorragend, ein Verfahren also fast unmöglich, sodass Sie nicht unbedingt ein Navi oder Radkarten benötigen. Wenn Sie dennoch Karten kaufen möchten: Am geeignetsten sind die Regio-Karten im Maßstab 1:100 000 des niederländischen Automobilclubs ANWB. Die gesamte Küstenregion wird mit den Karten »Nummer 19/Zeeuwse kust« (von der belgischen Grenze bis Hoek van Holland), »Nummer 16/Hollandse kust« (von Hoek van Holland bis Den Helder) und »Nummer 1/Waddeneilanden« mit allen fünf bewohnten Watteninseln abgedeckt. Auf dem deutschsprachigen Markt sind derzeit nur Karten vom gesamten Land erhältlich, etwa die des Allgemeinen Deutschen Fahrrad-Clubs ADFC, »Niederlande Nord« und »Niederlande Süd«, jeweils im Maßstab 1:150 000. Das Rad sollten Sie ohnehin immer mitnehmen. Der Drahtesel ist schon wegen des größeren Aktionsradius ein Muss.

◀ Vorsicht! Sand auf dem Radweg ▶ Transportmittel Polderwagen

Reitausflug auf Terschelling

KINDER MIT AN BORD

Die niederländische Küste bietet natürlich auch jede Menge Abwechslung für Kinder – von den Kleinsten bis hin zum Teenager, von Abenteuerspielplätzen über Minigolfanlagen und Streichelzoos bis hin zu Klettergärten, Reitställen und Freizeitparks mit Fahrgeschäften wie Duinrell, der mit 100 Hektar Fläche und rund 1,5 Millionen Besuchern jährlich der größte und attraktivste Freizeitpark des Landes ist. Oder wie wäre es mit einem Schnupperkurs, etwa um tauchen oder surfen zu lernen? Eine süße Verlockung (nicht nur für die Jüngsten) stellt das Schokoladenmuseum in Middelburg dar, zum Staunen bringt das Marinemuseum in Den Helder mit einem begehbaren U-Boot in Originalgröße seine Besucher, und jede Menge Spaß bieten der Themenpark Madurodam in Den Haag oder das Seehundezentrum Ecomare auf der Watteninsel Texel. Mit interaktiven und gleichzeitig pädagogisch wertvollen Ausstellungen locken das Naturalis Biodiversity Center in Leiden, das Raumfahrtmuseum Space Center in Noordwijk oder das Erlebnismuseum NEMO in Amsterdam.

Alles in allem wird bei der Vielseitigkeit der niederländischen Küste kaum Langeweile aufkommen. Für jeden Geschmack, jedes Interesse und fast jedes Bedürfnis ist garantiert etwas dabei. Und zu guter Letzt kommt auch das Entschleunigen nicht zu kurz, denn zwischen Dünen, Tulpenfeldern und Windmühlen gibt es jede Menge Orte, an denen man einfach nur die Seele baumeln lassen kann.

BADEORT & KÜNSTLERIDYLLE

Domburg und Walcheren

So ruhig wie hier ist es selten westlich von Domburg.

1

Mit zwei betuchten Damen aus Zeeland begann die Bädergeschichte von Domburg: Vor etwa zwei Jahrhunderten kamen die beiden erstmals mit Badekarren zum Strand und nahmen ein Bad im Meer. Die gesundheitsfördernde Wirkung, die dieser Badekur nachgesagt wurde, zog mehr und mehr Badegäste an den Domburger Strand. Renommierte niederländische und internationale Maler folgten und festigten Domburgs Ruf als mondänem Badeort und Ort der Kunst.

Nicht nur das Meer und die Landschaft – es war vor allem das außergewöhnliche, fast magische Licht über der Nordsee am frühen Morgen und am späten Nachmittag, das Künstler wie Jan Toorop, Jacoba van Heemskerck und Piet Mondrian anzog. Letzterer fing dieses stimmungsvolle Licht im Jahr 1909 mit seinem Gemälde »Aussicht aufs Meer« ein. Die farbigen Lichtspiele über der Nordsee mit atemberaubenden Sonnenuntergängen üben auch heute noch eine magische Anziehungskraft auf Künstler und Urlauber aus.

MEKKA DER CAMPINGURLAUBER

Westlich von **Domburg** kann man mit dem Wohnmobil bis fast an den Strand heranfahren und für wenige Euros parken – nur übernachten ist verboten! Das zieht natürlich sehr viele nationale und internationale Wohnmobilisten an, sodass Domburg quasi zum Mekka der Wohnmobilisten geworden ist. Vor allem an Wochenenden und in der Ferienzeit kann es schon mal vorkommen, dass die Zufahrt zum Strand wegen Überlastung gesperrt ist. Dann heißt es einfach auf den landseitigen Parkplätzen am Fuße der Dünen parken und über die Treppen zum Strand gehen.

DENKMALGESCHÜTZTE BÄDERARCHITEKTUR

Oder in die Stadt, denn sehenswert sind in Domburg auch die historischen Bauten vom Beginn der Bäderzeit, allesamt heute als Reichsmonumente denkmalgeschützt. Ein Beispiel dafür ist die **Villa Carmen**, die der Kölner Eau-de-Cologne-Produzent Franz Aldenbruck 1885 in den Dünen erbauen ließ. Bereits zwei Jahre danach verkaufte er sie an den deutschen Messer- und Scherenfabrikanten Carl Erbschloe. Zu den Gästen der Villa zählte unter anderem die rumänische Königin Elisabeth von Wied (1843–1916), die

1

damals als Schriftstellerin unter dem Pseudonymem Carmen Silva ihre Geschichten publizierte. Von ihr stammt denn auch der Name der Villa, die 2001 grundlegend restauriert wurde. Seit demselben Jahr ist sie in Privatbesitz und kann deshalb nicht besichtigt werden.

Entworfen wurde die Villa vom niederländischen Architekten Johannes van Nieukerken, der 1889 auch den nahe gelegenen sehenswerten **Badepavillon** im Neorenaissance-Stil entwarf. Dieser ersetzte den ersten Pavillon aus dem Jahr 1837, der als Café-Restaurant und Badeanstalt in der Dünenlandschaft errichtet worden war. Nach größeren Renovierungen und Ausbauten ist heute nur noch das Restaurant für die Öffentlichkeit zugänglich; in den anderen Räumlichkeiten befinden sich Privatappartements. Doch auch von außen ist er ein architektonischer Hingucker.

Ebenfalls in den Dünen erhebt sich der rund 28 Meter hohe, backsteinerne **Wasserturm** aus dem Jahr 1933, in dem sich heute ebenfalls zwei Privatappartements befinden. Im Zentrum von Domburg interessant ist zudem das **Alte Rathaus** am Marktplatz. 1567 erbaut, ist es nach der Dorfkirche das älteste Gebäude des Ortes. Bis ins Jahr 1997 war es der Sitz der Stadtregierung. Heute befindet sich in den altehrwürdigen Mauern ein Interieur- und Antikladen.

Domburger Badepavillon

◀ Galerie Het Noorderlicht ▶ Domburger Strand

Unter den Ausstellungen und Galerien in Domburg gehören für Kunstinteressierte das Museum Marie Tak van Poortvliet und die Galerien Zeevonk und Noorderlicht zu den besten Adressen. Hier werden Werke zeitgenössischer Künstler das ganze Jahr hindurch ausgestellt. Jeden Sommer findet zudem in der Galerie Noorderlicht eine Ausstellung mit Werken der Künstler aus dem 19. und 20. Jahrhundert statt. Neben den bereits erwähnten Malern sind beispielsweise Isaac Israels, Maurice Góth, Dam van Isselt und Jan Sluijters vertreten. Über die Künstler wurde übrigens von Francisca van Vloten das deutschsprachige Buch »Die Maler von Domburg« geschrieben.

Tipp

NATURERLEBNISSE

Touristisch deutlich ruhiger als in Domburg geht es in **Oostkapelle**, einige Kilometer östlich von Domburg, zu. Oostkapelle präsentiert sich mit einem hübschen, charakteristischen Ortskern, dem Schloss Westhove und den Naturgebieten De Manteling und Oranjezon.

Vor allem das rund 740 Hektar große Naturgebiet **De Manteling** ist sehr abwechslungsreich. Neben einer besonderen Flora und Fauna trifft man hier auf Nadelwald, Dünen- und Graslandschaften sowie Villen, die vom 17. bis ins 19. Jahrhundert von der Elite aus Middelburg als Feriendomizile genutzt wurden. Gut ausgebaute Wander- und Radwege ermöglichen es, das Gebiet leicht zu erkunden. Einen Parkplatz fürs Wohnmobil finden Sie am Domburgseweg 59, 4356 NA Oostkapelle, nahe dem **Schloss Westhove**. Vom einst mächtigen Kastell aus dem 13. Jahrhundert mit Hauptgebäude, Wachtürmen, Toren, Vorburg, Grachten und Brücken ist zwar nur wenig übrig geblieben. Trotzdem kann man selbst heute seine einstige Dominanz noch erahnen.

Schloss Westhove in Ostkapelle

TERRA MARIS In der ehemaligen Orangerie des Schlosses Westhove ist das interessante Museum Terra Maris untergebracht. Es informiert mit seinen unterschiedlichen Ausstellungen Jung und Alt über das mittelalterliche Leben, die Natur und die Entstehung der Küstenlandschaft in der zeeländischen Landschaft. Ein Landschaftspark, ein Café und ein Museumsladen runden das Angebot vor Ort ab.

Östlich von De Manteling und Oostkapelle erstreckt sich das 400 Hektar große Naturgebiet **Oranjezon**. Es entstand im 13. Jahrhundert durch Eindeichung des Gebietes. Bis Mitte der 1990er-Jahre war es für Besucher zur Gänze gesperrt. Die Dünenlandschaft wurde zur Wassergewinnung und -säuberung zunächst für Middelburg, später für die gesamte **Halbinsel Walcheren** genutzt. Mittlerweile sind vier ausgeschilderte Wanderrouten angelegt, die beim Eingang beginnen und zwischen 2,5 und 6,5 Kilometer lang sind – also auch geeignet für eine Tour mit Kindern. Etwa 300 Meter vor dem Eingang, beim Camping Oranjezon, gibt es einen Parkplatz (Koningin-Emmaweg 16a, Vrouwenpolder).

WEINGUT WESTERHOEVE Nahe dem Schloss Westhove liegt das Weingut Westerhoeve, das 1999 mit den Rebsorten Pinot Noir, Chardonnay, Würzer und Regent startete. Die sonnenreiche Region, die gute Bodenbeschaffenheit, milde Herbsttemperaturen und ausreichendes Winzer-Know-how sorgen für eine gute Qualität bei den Weinen. Mehr über das Weingut, seine Weine und Aktivitäten erfährt man bei Weinverkostungen und Führungen. Westhovenseweg 4, 4356 ND Oostkapelle, Tel. +31 (0)6/15 20 68 13, westerhoeve4.nl

SPUREN DER GESCHICHTE

Vom Camper- und Autostrand in Domburg kann man entlang der Wasserlinie bis fast nach **Westkapelle** fahren. Unterwegs auf der circa 2,5 Kilometer langen Deichstraße gibt es mehrere Stellen zum Parken und zwei Einkehrmöglichkeiten. Westkapelle wurde vor allem durch den Zweiten Weltkrieg bekannt. 1944 bombardierten die Briten den schützenden Deich, um ganz Walcheren zu überfluten und so die deutschen Besatzer zurückzudrängen. Dabei wurde Westkapelle vollkommen überflutet; erst ein Jahr später konnte das Loch im Deich endgültig verschlossen werden. Für Interessierte gibt es vertiefende Informationen dazu im **Deich- und Kriegsmuseum**. Zudem interessant in dem über 1000 Jahre alten Dorf sind der 50 Meter hohe begehbare **Leuchtturm ´t Hoge Licht**, die steinerne **Mühle De Noorman** und last but not least der lange Sandstrand.

◀ Deich- und Kriegsmuseum ... ▶ ... und die Windmühle in Westkapelle

AUF EINEN BLICK

Info

STADT/REGION: Domburg, Walcheren
BESTE REISEZEIT: Mai, Juni, September
OPTIMALE REISEDAUER: 3–4 Tage
TOURISTINFO: Museum Marie Tak van Poortvliet, Ooststraat 10a, 4357 ZG Domburg, Tel. +31 (0)118/58 46 18, marietakmuseum.nl, zeeland.com

SEHENSWÜRDIGKEITEN

GALERIE NOORDERLICHT: Noordstraat 13, 4357 AN Domburg, Tel. +31 (0)6/24 23 87 19, galerienoorderlicht.nl
GALERIE ZEEVONK: Noordstraat 8, 4357 AP Domburg, Tel. +31 (0)6/22 77 13 33, galeriezeevonk.nl
MARIE TAK VAN POORTVLIET-MUSEUM: Ooststraat 10a, 4357 ZG Domburg,Tel. +31 (0)118/58 46 18, marietakmuseum.nl
DEICH- UND KRIEGSMUSEUM: Zuidstraat 154–156, 4361 AK Westkapelle, Tel. +31 (0)118/57 07 00, polderhuiswestkapelle.nl
LEUCHTTURM ´T HOGE LICHT: Zuidstraat 1, 4361 AJ Westkapelle, Tel. +31 (0)118/57 07 00, polderhuiswestkapelle.nl
MUSEUM TERRA MARIS: Duinvlietweg 6, 4356 ND Oostkapelle, Tel. +31 (0)118/58 26 20, terramaris.nl

CAMPING NOORDDUIN, CAMPING DE SCHELP

ADRESSE: Noordduin: Schelpweg 17, 4357 RG Domburg, Tel. +31 (0)118/58 26 66, campingnoordduin.nl
De Schelp: Tel. +31 (0)118/43 65 72, campingdeschelp.nl
ANFAHRT: Die Campingplätze liegen direkt an der N287, circa zwei Kilometer westlich von Domburg.
GPS: 51.551663, 3.466742

Noordduin ist ein kleiner, etwa 100 Meter vom Strand entfernt gelegener Campingplatz mit 15 Stellplätzen auf rechteckiger Grasfläche. Der Strandzugang über die Düne (Treppe) befindet sich gegenüber der Einfahrt. Zweckmäßige, aber saubere Sanitäreinrichtungen mit

◀ Camping Noordduin ▶ Camperpark Zeeland

vier Duschen und vier Toiletten. Stromanschluss mit sechs Ampere, Waschmaschine, Trockner und Wi-Fi vorhanden.
Nebenan befindet sich der Campingplatz De Schelp mit 25 Stellplätzen, verteilt auf drei Grasflächen, die durch Hecken voneinander getrennt sind. Ähnliche Infrastruktur wie Camping Noordduin, allerdings mit einem Stromanschluss von zehn Ampere.

CAMPERPARK ZEELAND

ADRESSE: Campensweg 5, 4493 MN Kamperland,
Tel. +31 (0)118/70 02 25, camperparkzeeland.nl
ANFAHRT: Auf der N57 und beim Kreisverkehr bei Banjaard dem Wegweiser Goes folgen. Kurz danach rechts auf den Onrustweg, beim Kreisverkehr links auf den Schotsmanweg und später auf den Campensweg.
GPS: 51.572915, 3.653499
Großer und beliebter Wohnmobilstellplatz mit rund 100 Stellplätzen in guter Lage auf der Insel Noord-Beveland, etwa 17 Kilometer von Domburg entfernt. Der Platz ist ganzjährig geöffnet, hat Brötchen-service, Wasseranschluss, Entsorgung der Chemietoilette, kostenloses Wi-Fi, zwei Toiletten und vier kostenpflichtige Duschen.

ALTERNATIVE CAMPINGPLÄTZE

In der näheren Umgebung von Domburg gibt es ein Dutzend (Mini-) Campingplätze sowie große Plätze der Ketten **ROOMPOT** (Hof Domburg; De Zandput; roompot.nl) und **ARDOER** (Westhove; westhove.nl). Gute Kritiken bei den Minicampings erhalten regelmäßig **´T VELDEHOF** (veldehof.nl) und **DE DRIESPRONG** (driesprongdomburg.nl).

DAS HERZ VON WALCHEREN

Rund um Middelburg

Blick vom Lange Jan auf Middelburg

2

Schon von Weitem weist der »Lange Jan« den Weg ins historische Zentrum der Stadt. Der über 90 Meter hohe achteckige Turm des ehemaligen Liebfrauenstiftes ist eines der Wahrzeichen von Middelburg, der Hauptstadt der Provinz Zeeland, die noch mit weiteren charmanten Städtchen punkten kann.

Der Ort **Middelburg** wurde im 9. Jahrhundert zwischen zwei Festungen als mittlere Fliehburg gegründet, wovon auch der Name abgeleitet wurde. Zu Beginn des 12. Jahrhunderts erstmals urkundlich erwähnt, erhielt Middelburg 1217 das Stadtrecht und erlebte bis ins 19. Jahrhundert eine Blütezeit als Handelsplatz für Gewürze, Textilien und Wein. Neben Amsterdam war Middelburg einer der Hauptsitze der Niederländischen Ostindien-Kompanie (VOC), die im 17. und 18. Jahrhundert den lukrativen Handel auf der Gewürzroute nach und von Indien und Indonesien kontrollierte. Bei einem Rundgang durch das alte Stadtzentrum spürt man selbst heute noch auf Schritt und Tritt den wirtschaftlichen Erfolg aus der Blütezeit der VOC.

BUMMEL DURCH DIE ALTSTADT

Der alte Stadtkern von Middelburg ist klein und zu Fuß leicht zu erkunden. Vom Stadscamping (siehe Seite 31 f.) bis ins Zentrum um das **historische Rathaus** am Marktplatz sind es rund 1,5 Kilometer. Das spätgotische Gebäude stammt aus dem Jahr 1452 und besitzt eine reich verzierte Fassade. Es ist der Mittelpunkt der Stadt. Vor seinen Toren gibt es einen **Wochenmarkt** mit regionalen Produkten, Textilien und Haushaltswaren. Um den Platz reihen sich Cafés und Restaurants mit gemütlichen Terrassen. Einige Gehminuten hinter dem Rathaus ragt der **»Lange Jan«** empor. Der Turm kann über 207 Stufen bestiegen werden. Oben eröffnet sich ein atemberaubender Panoramablick auf die Stadt und Walcheren. Zu seinen Füßen liegt das ehemalige **Liebfrauenstift**, das 1127 von Prämonstratensern aus Antwerpen gegründet wurde. 1492 und erneut 1568 wurden wesentliche Teile des Klosters bei Großbränden zerstört. Auch der Zweite Weltkrieg ging nicht spurlos an der Abtei vorüber. Nach umfangreichem Wiederaufbau bis in die 1960er-Jahre hinein und späteren Renovierungen erstrahlt die Klosteranlage heute wieder im neuen Glanz. Interessant in der Anlage sind die Chorkirche mit dem Kirchturm Lange Jan und die Neue Kirche.

Nicht versäumen sollten Sie den rund 500 Meter östlich der Abtei entfernten **Kuiperspoort**. In dieser Gasse reihen sich rund 20 denkmalgeschützte Häuser aneinander. Hier befand sich einst der Arbeitsplatz der Kuipersgilde – Handwerker, die hölzerne Fässer, Bottiche und Wannen herstellten.

ZEEUWS MUSEUM In einem Teil der Klosteranlage des Liebfrauenstifts ist das historische Zeeuws Museum untergebracht. Dort gibt es unter anderem regionale Trachten, Wandteppiche und Gegenstände aus der Stadt-, Natur- und Kunstgeschichte zu bewundern.

Tipp

Im Zentrum von Middelburg gibt es eine Handvoll Geschäfte, die Schokolade in vielen Geschmacksrichtungen, Formen und Größen anbieten. Auch ein Blick ins Schokolade-Ministerium (Zeeuws Ministerie van Chocolade) in der Lange Noordstraat 8, ein paar Schritte vom Alten Rathaus entfernt, lohnt sich. Der kleine Laden bietet nicht nur süße Verlockung an, sondern ermöglicht auch einen kleinen Einblick in die Herstellung. Und wer immer noch nicht genug von Schokolade hat, sollte einen Besuch des Schokoladenmuseums Sjakie's Galerie for Willie Wonka Villa am Vlasmarkt 51 einplanen.

◀ Der Lange Jan ▶ Zeeuws Ministerie van Chocolade

Fast ein Gesamtkunstwerk: Veere

REICH DURCH TEXTILIEN UND HERING

Etwa acht Kilometer nordöstlich von Middelburg liegt direkt am Veerser Meer einer der schönsten Orte von Walcheren: **Veere**. Das kleine Städtchen mit rund 1600 Einwohnern erzielte seinen heute noch an vielen Gebäuden sichtbaren Wohlstand durch den Woll- und Tuchhandel mit Schottland und England im 15. Jahrhundert. Veere hatte ein Handelsmonopol für die Waren. Die im Alltag einfach nur als **»Schottenhäuser«** bezeichneten Gebäude Lamm aus dem Jahr 1539 und Straußvogel aus 1561, beide an der Kade gelegen und heute als Museen genutzt, zeugen vom einst lukrativen Textilhandel. Die Waren wurden in Veere zwischengelagert und später ins belgische Brügge weitertransportiert. Neben den denkmalgeschützten »Schottenhäusern« ist architektonisch auch das spätgotische Rathaus interessant, ebenso die Liebfrauenkirche, das Brunnenhaus mit unterirdischer Zisterne und der Schleusenkomplex etwas außerhalb des Zentrums. Während des Textilhandels entwickelte sich zudem die Heringsfischerei als zweites wirtschaftliches Standbein. Heute hat der Tourismus beide Standbeine verdrängt. Es fehlt deshalb auch nicht an dementsprechender Infrastruktur mit guten Restaurants und gemütlichen Terrassencafés.

UMRUNDUNG Eine Personen- und Radfähre verbindet Veere mit der Gemeinde Kamperland auf der Insel Noord-Beveland, wodurch es auch möglich ist, das Veerser Meer mit dem Fahrrad zumindest teilweise zu umrunden, was eine schöne und interessante Radtour ist.

Pittoresker Hafen von Goes

IM HERZEN VON ZUID-BEVELAND

Eine halbe Autostunde östlich von Veere, an der Einmündung des Veerser Meeres in die Oosterschelde, liegt **Goes**, ein charmantes Städtchen inmitten der Halbinsel Zuid-Beveland. Neben dem sehenswerten **historischen Hafen**, der von hübschen Giebelhäusern gesäumt wird, ist Goes vor allem als **Einkaufszentrum** der Umgebung bekannt. Der Marktplatz ist das pulsierende Herz der Stadt mit gemütlichen Terrassencafés. Vom Platz aus führen schmale Einkaufsstraßen ab, die vor allem am Donnerstag stark frequentiert sind, denn: Donnerstagabend ist Einkaufsabend! Dann haben die Geschäfte bis 21 Uhr geöffnet.

MUSCHELN UND AUSTERN FÜR EUROPA

Fische und Meeresfrüchte kann man in Zeeland fast überall essen. Für Muscheln und Austern ist der »place to be« allerdings **Yerseke**, etwa 13 Kilometer östlich von Goes. Einst das Zentrum der Schafhüter von Walcheren, ist Yerseke heute bis weit über die Landesgrenzen hinaus wegen der Schalentierproduktion bekannt. Miesmuscheln und Austern werden von hier aus europaweit vertrieben. Die Muschel- und Austernbänke liegen als Bodenkultur in der Oosterschelde und werden täglich geerntet. Fangfrisch werden die Schalentiere dann direkt auf den Teller serviert. Dazu gibt es Wein aus der Region. Zwar steckt die Weinproduktion noch in den Kinderschuhen, probieren sollte man den Rebensaft aber trotzdem.

2

VERKOSTUNGEN Wer möchte, kann den Wein natürlich auch direkt beim Winzer verkosten und kaufen. Empfehlenswert sind unter anderem die Weindomänen De Boe in Koudekerke bei Vlissingen und Westerhoeve in Oostkapelle bei Domburg. wijndomeindeboe.nl, westerhoeve4.nl

Tipp

An der sogenannten »Muschelpromenade«, einem Holzsteg entlang der Restaurants am Havendijk (Hafendeich) und den dahinter liegenden Frischwasserbecken der Gastronomiebetriebe, findet man exzellente Restaurants, die Miesmuscheln und Austern anbieten. Dazu gehören etwa das Oosters & Bubbels (oestersbubbels.nl), die Oosterproeverij Pekaar (oesterproeverijpekaar.nl) und die Oesterij (oesterij.nl). Im nahe gelegenen Hafen beliebt sind das 't Kaaigat (kaaigat.nl) und De Viskêête (pietvanoost.nl). Einen Parkplatz für kleinere Wohnmobile gibt es beim Hafen am Havendijk und am Bakenweg. Größere Wohnmobile sollten den offiziellen Stellplatz nutzen (siehe Seite 32). Und wer mehr über die Schalentierproduktion erfahren möchte, kann sein Wissen im Oosterscheldemuseum im Zentrum von Yerseke vertiefen (oosterscheldemuseum.nl).

Gute Kombination: Weißwein und Muscheln aus Yerseke

DAS TOR ZUR WELT

Das rund 45 000 Einwohner zählende **Vlissingen** ein paar Kilometer südlich von Middelburg ist das Tor zur Welt von Zeeland. Die Stadt hat einen **Großhafen** für Container- und Militärschiffe, einen **Fischereihafen** für die regionalen Kutter und einen kleinen **Jachthafen** beim Zentrum für die Freizeitschifffahrt. Vlissingen ist auch der Standort für Lotsen, die internationale Fracht- und Kreuzfahrtschiffe durch die Fahrrinne der Westerschelde zu den Häfen von Antwerpen und Terneuzen leiten.

MUZZEUM Über die Geschichte der Schifffahrt von einst und jetzt informiert das äußerst interessante MuZZeum im schönen Stadtpalast Lampsin aus dem 17. Jahrhundert. Interessant sind unter anderem die ausgestellten Unterwasserschätze aus gesunkenen Schiffen und die abenteuerlichen Geschichten über den legendären Admiral Michiel de Ruyter. Dem Museum angeschlossen ist ein Aussichtsturm mit grandiosem Panoramablick über die Stadt und die Westerschelde.

Vlissinger Stadtstrand

◀ Arsenal und Jachthafen ... ▶ ... und historischer Kern von Vlissingen

Im Tourismusbereich punktet Vlissingen mit einer rund zwei Kilometer langen **Promenade**, gesäumt von einer beeindruckenden Skyline, einem Windspiel, einer 122 Meter langen Bank zum Verweilen und einem schönen, langen Sandstrand. Eine rund sechs Kilometer lange, ausgeschilderte Route führt zu den Sehenswürdigkeiten der Stadt mit vielen Kunstwerken im öffentlichen Raum und rund 300 historischen Bauten, die bis ins 13. Jahrhundert zurückreichen.

Vlissingen wurde 1235 erstmals urkundlich erwähnt und erhielt etwa ein Jahrhundert später das Stadtrecht. Im 16. Jahrhundert errichteten die Spanier einen Verteidigungsring um die Stadt, von dem heute noch das **Keizersbolwerk** vorhanden ist. Im 17. Jahrhundert kam mit der Gründung der Ostindischen Compagnie (VOC) und der Westindischen Compagnie (WIC) sowie dem damit verbundenen Handel eine wirtschaftliche Blütezeit. Napoleon (1769–1821) baute Vlissingen schließlich zu einer militärischen Festungsstadt aus – und noch heute ist Vlissingen eine niederländische Garnisonsstadt.

ZEEUWS-VLAANDEREN BESICHTIGEN Vlissingen eignet sich bestens als Ausgangspunkt einer Erkundungstour von Zeeuws-Vlaanderen mit dem Rad. So ersparen Sie sich die Fahrt durch den mautpflichtigen Tunnel bei Terneuzen oder den langen Umweg über Antwerpen. Mehrmals täglich gibt es eine Personen- und Radfähre nach Breskens, wo Sie auf ein sehr gutes Radwegenetz treffen. Von hier aus können Sie je nach Zeit, Lust und Laune die Küste und ihre Badeorte mit einladenden Sandstränden und/oder das Hinterland erkunden (siehe dazu auch Kapitel 3, Seite 34 ff.).

▲ Historisches Rathaus von Middelburg ◀ Das MuZZeum in Vlissingen

▶ Jachthafen von Middelburg

AUF EINEN BLICK

Info

STADT/REGION: Middelburg, Walcheren
BESTE REISEZEIT: Mai bis September
OPTIMALE REISEDAUER: 3–4 Tage
TOURISTINFOS: Middelburg: Am Markt 51, 4331 LK Middelburg, Tel. +31 (0)118/67 43 00, uitinmiddelburg.nl; Yerseke: Havendijk 36, 4401 NS Yerseke, Tel. +31 (0)113/57 40 45, touristinfoyerseke.nl

SEHENSWÜRDIGKEITEN

TURMBESICHTIGUNG »LANGER JAN«: Onder de Toren, 4331 AH Middelburg, Tel. +31 (0)118/47 10 10, langejanmiddelburg.nl
ZEEUWS MUSEUM: Abdij 3–4, 4331 BK Middelburg, Tel. +31 (0)118/65 30 00, zeeuwsmuseum.nl/nl
SCHOKOLADEMINISTERIUM (GESCHÄFT): Lange Noordstraat 8, 4331 CD Middelburg, Tel. +31 (0)118/85 30 81, ministerievanchocolade.nl
SCHOKOLADEMUSEUM: Vlasmarkt 51, 4331 PD Middelburg, Tel. +31 (0)118/85 51 56, chocolademuseum.nl
MUSEUM VEERE: Kaai 25–27, 4351 AA Veere, Tel. +31 (0)118/50 17 44, museumveere.nl
MUZZEUM: Nieuwendijk 11, 4381 BV Vlissingen, Tel. +31 (0)118/41 24 98, muzeeum.nl
WESTERSCHELDE-FÄHRE: Westerhavenweg 2a, 4382 NM Vlissingen, Tel. +31 (0)850/40 18 00, westerscheldeferry.nl

STADSCAMPING ZEELAND

ADRESSE: Koninginnelaan 55, 4335 BB Middelburg, Tel. +31 (0)118/85 65 50, stadscampingzeeland.nl
ANFAHRT: Auf der A58 Ausfahrt Middelburg Oost, dann am Kreisverkehr Richtung Zentrum/Klarenbeek und am nächsten Kreisverkehr die Präsident Rooseveltlaan nehmen. An der Ampel geradeaus Richtung Breewijk. Beim Kreisverkehr Richtung Griffioen-Vlissingen fahren, dann an der Rotunde auf die Laan der United Nations, später an der Ampel links auf den Breeweg und

AUF EINEN BLICK

schließlich die vierte Straße in die Koninginnelaan einbiegen, an deren Ende sich der Campingplatz befindet.

GPS: 51.49690, 3.596980

Schöner, gepflegter Platz mit sehr guter Infrastruktur. Die Stellplätze sind circa 110 Quadratmeter groß und haben mit Kies befestigen Untergrund. Es gibt auch Plätze mit privaten Sanitärhäuschen direkt am Stellplatz. Ruhige Lage, nur ein paar Radminuten vom Stadtzentrum entfernt.

WOHNMOBILSTELLPLATZ YERSEKE

ADRESSE: Molenpolderweg 5, 4401 NP Yerseke,
Tel. +31 (0)6/86 86 54 46

ANFAHRT: Auf der A58 Ausfahrt Yerseke, Hansweert, Wemeldinge, danach auf der N673 Richtung Hafen und vor dem Hafen auf dem Molendijk nach rechts hinunter zum Parkplatz.

GPS: 51.490679, 4.053500

Ruhige Lage neben einem Parkplatz ohne Infrastruktur, lediglich eine Mülltonne ist vorhanden. Größtenteils sandiger Untergrund. Das Zentrum und der Hafen mit exzellenten Restaurants für Fisch und Meeresfrüchte sind nur ein paar Gehminuten vom Wohnmobilstellplatz entfernt.

◀ Wohnmobilstellplatz Yerseke ▶ Camping ´t Veerse meer

Stadscamping Zeeland

CAMPERPARK 'T VEERSE MEER

ADRESSE: Muidenweg 7, 4471 NM Wolphaartsdijk,
Tel. +31 (0)6/30 59 91 06, camperparkveersemeer.nl/
ANFAHRT: Auf der A58 Ausfahrt Zierikzee-Goes, dann circa zehn Kilometer auf der N256 und an der Ampel links nach Wolhaartsdijk (circa vier Kilometer).
GPS: 51.540724, 3.808848
2019 eröffneter Camperpark mit rund 30 Stellplätzen auf hartem Untergrund für das Wohnmobil und Grasfläche für ein eventuelles Vorzelt. Die Plätze sind auch für große und schwere Wohnmobile bis maximal zwölf Meter und einem Gesamtgewicht von zehn Tonnen geeignet. Wasser- und Stromanschluss (sechs Ampere) direkt am Platz. Für zwei Euro mehr gibt es zehn Ampere. Online-Reservierung möglich mit Angabe des Kennzeichens, wodurch der Schranken automatisch öffnet. Wenn Platz ist, kann bereits vor neun Uhr angereist werden.

ALTERNATIVE CAMPINGPLÄTZE

Weitere mögliche Plätze sind:
CAMPING 'T VEERSE MEER, ein paar Minuten vom gleichnamigen Camperpark entfernt, campingveersemeer.nl
DE VLASCHAARD in Middelburg, devlaschaard.nl
CAMPING WELTEVREDEN in Zoutelande, campingweltevreden.nl
CAMPING DUNE PRESERVE in Vlissingen, duinerve.nl

AN DER GRENZE ZU BELGIEN

Zeeuws-Vlaanderen

Stadtstrand von Breskens an der Westerschelde

3

Lange Sandstrände, interessante Dörfer im Hinterland und weniger Tourismus im Vergleich zum Rest der Provinz Zeeland – so präsentiert sich Zeeuws-Vlaanderen – auf Deutsch Seeländisch Flandern –, das zwischen der belgischen Nordwestgrenze und der niederländischen Westerschelde eingeklemmt liegt.

Zeeuws-Vlaanderen war über Jahrhunderte vom niederländischen Festland getrennt und nur auf dem Landweg über Antwerpen erreichbar. Es ist deshalb nicht verwunderlich, dass auf diesem Fleckchen Niederlande sehr viele Einflüsse aus Belgien erkennbar werden – in den touristischen Hochglanzprospekten als »ein Stück Belgien in Holland« vermarktet. Autofähren ab bzw. bis Vlissingen über die Westerschelde füllten damals die Lücken in der Infrastruktur. Mitte 2003 wurde ein Tunnel unter der Westerschelde bei Terneuzen eröffnet. Mit dieser Anbindung konnte Zeeuws-Vlaanderen leichter und schneller auf dem Landweg erreicht werden und entwickelte sich zu einer beliebten Urlaubsregion.

SEEBÄDER UND ALTE DÖRFER

In **Breskens**, am Südufer der Westerschelde, legten die Autofähren an. Der einst wichtige Fährhafen ist heute ein kleiner Handels- und Fischereihafen und lockt mit einem langen Sandstrand, einem modernen Jachthafen für Freizeitkapitäne und dem Michelin-Sterne-Restaurant Spetters nationale wie internationale Besucher an. Von der Promenade und vom Strand aus hat man einen herrlichen Blick auf die Westerschelde, die Mündung der Schelde in die Nordsee und den Zugang für die riesigen Containerschiffe in den Hafen von Antwerpen.

In Richtung Westen erstreckt sich zwischen den **Strandbädern** Nieuwesluis, Groede-Bad, Kruishoofd und Niewuvliet-Bad ein fast 17 Kilometer langer Sandstrand für den klassischen Badeurlaub. Die Seebäder sind fast alle im Zuge der touristischen Entwicklung der Küste entstanden und verfügen auch über eine entsprechend gute, moderne Infrastruktur, die kaum Wünsche offen lässt. Und die ursprünglichen, meist charmanten Dörfer liegen nur wenige Kilometer hinter der Küste.

Der wohl wichtigste und am meisten frequentierte Badeort an der seeländischen Küste ist **Cadzand-Bad** an der belgischen Grenze mit moderner Ausstrahlung und nahezu perfekter touristischer Infrastruktur. Das authentische **Cadzand-Dorf** liegt etwa zwei Kilometer von der Küste entfernt. Es ist ein sogenanntes Ringdorf mit einigen heute noch historischen Häusern, die Anfang des 14. Jahrhunderts um die sehenswerte **Mariakirche** entstanden. Trotz mehrerer Renovierungen sind an der Hallenkirche mit Doppelschiff noch heute der romanische und gotische Stil teilweise erkennbar. Der einstige Turm aus dem 17. Jahrhundert wurde in den 1930er-Jahren durch einen Zwiebelturm ersetzt.

Cadzand-Dorf zählt zu den ältesten Niederlassungen von Zeeuws-Vlaanderen und wurde erstmals schriftlich im 12. Jahrhundert erwähnt. Die erste Siedlung entstand auf einer Insel. Der Name wurde aller Wahrscheinlichkeit von »Cade« abgeleitet, was man mit» Deich« übersetzen kann, der das einstige Inseldorf vor dem Wasser schützte. Die ersten Bewohner lebten vom Ackerbau. Um mehr Land dafür zu gewinnen, wurde dem Meer stetig Land abgerungen, und in den eingedeichten Poldern wurden Bauerngehöfte errichtet.

◀ Bresekenser Jachthafen ▲ Fischrestaurant in Breskens
▼ Nieuwvlieter Windmühle

Strand von Cadzand

Tipp

Bei einer Wanderung im wunderbaren Naturreservat Het Zwin kann man frische Nordseeluft schnuppern und die reizvolle Küstenlandschaft bewundern. Einen Parkplatz als Startpunkt gibt es in der Gerrit van Hoekestraat 2, 4525 NH Retranchement. Dort befindet sich auch ein Infopoint über das Gebiet und den Knotenpunkt 15 der Rundtour. Von hier gehen es zunächst geradeaus auf dem Duinweg bis zum Rand des Naturschutzgebietes. Dort wandert man nach rechts über die belgischen Knotenpunkte 7, 6 und 1 zum Punkt 12 auf niederländischem Boden und dann zum Ausgangspunkt zurück. Die Strecke ist etwa 13 Kilometer lang, wofür je nach Kondition etwa drei bis dreieinhalb Stunden eingeplant werden sollten. Doch Achtung! Bei Flut kann die Strecke an der Küste zwischen den Knotenpunkten 15 und 7 nicht begangen werden.

DURCH DAS HINTERLAND

Bereits einige Kilometer hinter der Küste wird es viel ruhiger. Die Dörfer zeigen sich authentischer und locken mit historischen Sehenswürdigkeiten. Eines der schönsten ist **Groede**, etwa vier Kilometer von der Küste entfernt. Das Zentrum dieses beschaulichen, auch bei Künstlern beliebten Dorfes breitet sich um den Kirchplatz mit einer Hallenkirche aus dem 13. Jahrhundert, einem Musikpavillon und dem Denkmal des Dichters und Schriftsteller Jacob Cats (1577–1660) aus. Rund um den Platz und in den schmalen Gassen haben sich gemütliche Cafés, Restaurants, Ateliers und Galerien in den liebevoll restaurierten Häusern angesiedelt.

Urig: der Pavillion Matour am Strand von Groede

Das kulturelle und historische Herz befindet sich allerdings in der **Slijkstraat**, nur ein paar Gehminuten vom Kirchplatz entfernt. Hier treffen Sie auf das flämische Erbe mit musealen Handwerksläden, unter anderem einer Bäckerei, einer Schmiede, einem Malergeschäft und einem Friseurladen. In den Sommermonaten finden mehrmals wöchentlich Präsentationen des historischen Handwerks in den Läden statt, und im Haus **»De Twee Duiven«** (Zwei Tauben) gibt es regelmäßig Kleinkunsttheater. Etwas außerhalb des Dorfes, inmitten eines Wäldchen, wurde das **Groede Podium** angelegt, ein Spiel- und Lernpark für die Jüngsten samt Informationszentrum aus den und um die Betonbunker des Zweiten Weltkriegs.
Mehr zum Zweiten Weltkrieg erfährt man in der rund 5000 Seelen zählenden Gemeinde **Oostburg**, wo das Kriegsmuseum Switchback beheimatet ist. Highlight der Gemeinde ist aber unbestritten der 55 Meter hohe **Wasserturm**, der zwar noch immer als Wasserreservoir fungiert, seit 2005 teilweise auch privat bewohnt wird, aber nach vorheriger Absprache begehbar ist. Der ursprüngliche Turm wurde im Zweiten Weltkrieg völlig zerstört und 1950 wiederaufgebaut. Er ist übrigens der höchste Punkt in Seeländisch-Flandern und in der flachen Landschaft von etlichen Standpunkten aus sichtbar.

KRIEGSMUSEUM SWITCHBACK Das Kriegsmuseum in Oostburg erinnert mit einer Sammlung an Waffen, Uniformen und Dokumenten vor allem an die Befreiungsaktion kanadischer Soldaten, die unter dem Codewort »Switchback« im Herbst 1944 mit ihrem Einsatz die deutsche Armee zur Aufgabe gezwungen und damit den Zweiten Weltkrieg in der Region beendet haben.

3

ZURÜCK IN DIE VERGANGENHEIT

Man sieht dem Kleinstädtchen **Aardenburg** nicht an, dass der Kern auf römischen Fundamenten ruht und es die älteste Stadt in Zeeland ist. Bereits im 2. Jahrhundert befand sich hier eine römische Siedlung, die durch Funde und Ausgrabungen belegt wurde. Aber schon vor der Römerzeit lebten Menschen in der Gegend. Die Stadt hieß während der Römerzeit »Rodenburg«, hatte ein Kastell zur Sicherung der nördlichen Grenze des römischen Reiches und hielt bis etwa Ende des 3. Jahrhunderts als militärisches Bollwerk stand. Danach verließen die Römer die Gegend wegen Überschwemmungen und Angriffen der Germanen. In den darauffolgenden Jahrhunderten entwickelte sich Aardenburg zu einem wichtigen Umschlaghafen der Tuchindustrie, vor allem für die heute belgische Stadt Brügge, und wurde auch Teil des wirtschaftlich wichtigen Städte- und Handelsbundes Hanse. Nach einer Blütezeit kam im 14. Jahrhundert der ökonomische Einbruch. Belgische Truppen zerstörten die Stadt im Jahr 1383, und nach mehreren Eroberungen und Belagerungen verlor sie zunehmend an Bedeutung als Handelsort.

Kaaipoort in Aardenurg

Parken kann man übrigens entlang der Zufahrtsstraße (Haven) ins Zentrum. Von dort gelangt man zu Fuß zum Froschbrunnen und nach links durch das Stadttor **Kaaipoort** weiter in die Weststraße. Nach ein paar Gehminuten passieren Sie das ehemalige **Waisenhaus**, und am Ende der Straße geht es rechts zum **Archäologischen Museum**. Nur ein paar Schritte weiter befindet sich die **Sint-Baafs-Kirche**, das älteste und mit Abstand dominanteste Bauwerk der Stadt.

ÄRCHÄOLOGISCHES MUSEUM Die Geschichte Aardenburgs wird heute im Archäologischen Museum von allen Seiten beleuchtet. Vor allem die Zeit während der Römerherrschaft wird dokumentiert. Interaktiv kann man unter anderem entdecken, wie die Menschen damals wohnten oder womit und mit wem sie Handel trieben.

Planen Sie für die Besichtigung des historischen Kerns samt Museum etwa einen halben Tag ein. Verlängern können Sie diesen Halbtagesausflug mit einem Besuch der **Straußenfarm**. Allerdings müssen Sie dafür reservieren. Infos dazu erhalten Sie unter destruisvogel.nl.

Archäologisches Museum Aardenburg

Schleusen von Terneuzen

Tipp

Möchten Sie gerne mal eine Schleuse hautnah erleben? Einmal aus dem Kontrollraum zugucken, wie ein Schiff durch den Schleusenkomplex gelotst wird? Im Besucherzentrum in Terneuzen können Sie genau das. Es liegt zwar einige Kilometer von der Küste entfernt, aber die Fahrt lohnt sich. Bei einem geführten Rundgang gelangt man ganz nahe an die Schleuse under erhält auch jede Menge interessanter Informationen. Übrigens wird neben der alten Schleuse eine neue, moderne Anlage gebaut, durch die laut Planung bereits 2023 die ersten Schiffe fahren sollen. Der Besuch ist nur von Mittwoch bis Sonntag möglich. Informieren Sie sich im Vorfeld über die aktuellen Öffnungszeiten.

EHEMALIGER VORHAFEN VON BRÜGGE

Der deutsche Stadtname von **Sluis** – »Schleuse« – entstammt der Lage der Stadt an einer Schleuse des Wasserlaufes Zwin, der einst die Nordsee mit Brügge verband. Ende des 13. Jahrhunderts erhielt Sluis das Stadtrecht und entwickelte sich im 14. Jahrhundert immer mehr zu einem wichtigen Vorhafen für den Handel von Brügge. Nach mehreren Kriegen um die Stadt kam Mitte des 16. Jahrhunderts langsam das Aus für den Hafen. Die Zwin war nicht mehr befahrbar, weshalb der Kanal Sluis-Damme-Brügge gegraben wurde. Doch auch er wurde für die stets größer werdenden

Marktplatz von Sint Anna ter Muiden

Schiffe bald nicht mehr nutzbar. Da Brügge über diese Route nicht mehr erreicht werden konnte, begann der Niedergang von Sluis. Danach kämpfen Franzosen, Spanier und Niederländer um das Stückchen Grund, bis es schließlich den Niederlanden zugeordnet wurde.

Sluis hat teils gut erhalten **Festungsanlagen**, ein **historisches Rathaus** aus 1390, das mit bizarrer Erfindungen gefüllte **Bizarium** und einen **Belfried**, das einstige Symbol einer Stadt von Wohlstand. Heute ist darin unter anderem ein Museum über die Stadtgeschichte und über den berühmtesten Bewohner der Stadt untergebracht: Johan Hendrik van Dale, der das niederländische Wörterbuch gemacht hat. Neben den Sehenswürdigkeiten ist Sluis aber auch bekannt für seine Boutiquen bekannter Marken und die ausgezeichnete Gastronomie seiner Spitzenköche.

VOM FEINSTEN Spitzenküche in gehobenem Ambiente und mit einer Erwähnung im Gourmetführer Michelin findet man in den Restaurants La Trinité (Kaai 11, 4524 CD Sluis, www.latrinite.nl) und De Vijverhoeve (Greveningseweg 2, 4524 JK Sluis, www.restaurantdevijverhoeve.nl). Beide servieren französische und niederländische Küche, Fisch- und Meeresfrüchte und sind auch für Vegetarier geeignet.

3

KLEINES ARCHITEKTUR-JUWEL

Südlich von Sluis gelangt man zum kleinen Ort **Sint Anna ter Muiden**, ein architektonisches Kunstwerk mit einem komplett geschützten Ortsbild. Dominant ist der **Kirchturm** der gotischen Kirche aus dem 14. Jahrhundert, die während des 80-jährigen Krieges zerstört wurde. Mitte des 17. Jahrhunderts wurde das heutige Kirchenschiff an diesen Kirchturm angebaut. Mittelpunkt des Ortes ist der Marktplatz, um den sich schön restaurierte Häuser aus dem 17. und 18. Jahrhundert gruppieren. Ins Auge springt hier vor allem der **Brunnen** aus dem Jahr 1789. Beachtenswert ist auch das alte **Rathaus** (Haus 12) avonus 1650 mit dem Wappen des Ortes, einem Dachreiter und einem Windfang.

Tipp

Auch den Blick über die Grenze nach Knokke-Heist, das nur einige Kilometer von Sint Anna ter Muiden entfernt ist, sollten Sie sich nicht entgehen lassen - der Kontrast zwischen den Seebändern an der Küste von Zeeuws-Vlaanderen und dem beliebten Strandbad Kokke-Heist könnte nicht größer sein! Und auch des belgische Seebad selbst hat zwei Gesichter. Entlang der Küste reiht sich Ferienapartment an Ferienapartment, Hotelkomplex an Hotelkomplex, Wohnburg an Wohnburg, und am Strand laden zahlreiche Beachlounges zum Verweilen ein. Hinter den Betonklötzen aber liegt eine andere Welt: eine voller Luxusimmobilien, Luxusautos, Luxusgeschäfte. Größer kann der Kontrast nicht sein (myknokke-heist.be/de).

◀ Die Zwin in Sluis ▶ Bummel durch Sluis

AUF EINEN BLICK

Info

REGION/PROVINZ: Zeeuws-Vlaanderen, Provinz Zeeland
BESTE REISEZEIT: Mai, Juni, September
OPTIMALE REISEDAUER: 4–5 Tage
TOURISTINFOS: Niederlande: Die meisten Touristenbüros sind leider dauerhaft geschlossen. Gute Informationen zu allen Orten gibt es in Deutsch unter vvvzeeland.nl/de/inseln/zeeuws-vlaanderen; Belgien: Zeedijk Knokke 660, B-8300 Knokke-Heist, +32 (0)50/63 03 80, myknokke-heist.be

SEHENSWÜRDIGKEITEN

WESTERSCHELDE-FÄHRE: Pendelverkehr zwischen Vlissingen und Breskens, westerscheldeferry.nl
NATURSCHUTZGEBIET HET ZWIN: zwin.be
KRIEGSMUSEUM SWITCHBACK: Oudestad 16, 4501 JB Oostburg, Tel. +31 (0)117/45 28 16, museumswitchback.nl
WASSERTURM: Bredestraat 67,4501 EB Oostburg
ARCHÄOLOGISCHES MUSEUM: Sint Bavostraat 3, 4527 CJ Aardenburg, Tel. +31 (0)117/49 28 88, cultuurforumaardenburg.nl/index.php/landingspagina
SCHLEUSENKOMPLEX TERNEUZEN: Informationszentrum, Beneluxweg 101, 4538 AL Terneuzen, Tel. +31 (0)88/246 18 39, nieuwesluisterneuzen.eu
BELFRIED: Groote Markt 1, 4524 CD Sluis, Tel. +31 (0)117/71 26 04
BIZARIUM: Hoogstraat 35, 4524 AA Sluis, Tel. +31 (0)117/85 28 08, bizarium.com
KNOKKE-HEIST: myknokke-heist.be/de

MINICAMPING DE BLIKKEN

ADRESSE: Barendijk 3, 4503 GT Groede, Tel. +31 (0)117/37 13 65, de blikken.nl
ANFAHRT: Auf der N61 bis Schoondijke und dann weiter auf der N676 Richtung Barendijk.
GPS: 51.368541, 3.494336

◀ Die beiden Minicampings De Blikken ... ▶ ... und Viervaart

Der kleine Naturcamping De Blikken ist rund fünf Kilometer vom Strand in Nieuwvliet entfernt. 20 Plätze, verteilt auf vier Felder, wobei die beiden kleineren von Bäumen umgeben sind, was bei Wind ein wenig Schutz bietet. Einfaches, aber sauberes Sanitärhaus mit fünf Toiletten und drei Duschen; Waschmaschine, Trockner und Tiefkühlschrank für Kühlelemente sowie ein kleiner Kinderspielplatz sind vorhanden. Hunde müssen am Platz angeleint sein.

MINICAMPING VIERVAART

ADRESSE: Barendijk 5, 4503vGT Groede, Tel. +31 (0)6/24 85 76 25, viervaart.nl

ANFAHRT: Auf der N61 bis Schoondijke und dann weiter auf der N676 Richtung Barendijk.

GPS: 51.369238, 3.489200

Kleiner, sehr umweltbewusster Campingplatz mit Nutzung von Sonnenenergie, Anbau von Biogemüse und Filterung des Abwassers. 25 Stellplätze (Camper bis maximal 6,5 Meter!); zweckmäßige Infrastruktur. Es finden regelmäßig Ausstellungen mit zeitgenössischer Kunst statt.

MINICAMPING DE CATSHOEK

ADRESSE: Sint Bavodijk 29, 4504 AB Nieuwvliet, Tel. +31 (0)6/55 32 22 85, minicampingdecatshoek.nl

ANFAHRT: Auf der N61, dann auf der N253 bis Maaldijk und weiter über Scherpbier nach Nieuwvliet.

GPS: 51.376814, 3.466691

Kleiner Campingplatz mit mindestens 150 Quadratmeter großen Plätzen. Zehn Ampere Strom, gratis Wi-Fi, Waschmaschine, Trockner, Tiefkühlschrank und Spielwiese. Hunde dürfen leider nicht mitgenommen werden.

Der Westzipfel von Schouwen-Duiveland

Camperparkplatz am Strand von Brouwersdam

Kilometerlange Sandstrände breiten sich in der Umgebung der populären Ferienorte Westenschouwen, Burgh-Haamstede und Renesse aus. Sie gehören unzweifelhaft zu den schönsten Stränden der Provinz Zeeland und sind als Natur-, Familien-, Sport- und Naturistenstrände ausgewiesen. Eine exakte Unterteilung – wie etwa an der Ostseeküste – ist das aber nicht.

Der Höhepunkt für Wohnmobilisten ist der Strand beim Brouwersdam. An der Nordostseite, ein paar Meter oberhalb dieses feinsandigen Sandstrandes, ist es erlaubt, in vorderster Reihe sein Wohnmobil zu parken, sein Equipment auszupacken und die spektakuläre Sicht auf Sonne, Strand und Meer zu genießen. Der Ort ist allerdings kein Geheimtipp mehr und die erste Reihe entsprechend gefragt und frequentiert. Doch auch hinter dieser Panoramameile gibt es genügend Platz, um das Gefährt auf hartem Untergrund zu parken und zu Fuß zum Strand zu laufen. Nur übernachten ist verboten und wird auch strengstens kontrolliert!

DIE GEFRAGTESTEN FERIENORTE

Die Highlights von **Westenschouwen** sind zweifelsohne der feinsandige Strand und die teils geschützte Dünenlandschaft. Beim Verkehrskreis am Ende der Hauptstraße (Kraaijensteinweg) führt nach rechts eine lange Treppe über die meterhohen Dünen mit fantastischer Aussicht vom Scheitelpunkt der Düne. Hier wurde eine kleine Plattform mit Bänkchen angelegt, damit Besucher in aller Ruhe die Aussicht genießen können.
Die über 4200 Einwohner zählenden Doppelgemeinde **Burgh-Haamstede** punktet dagegen mit einer fast perfekten touristische Infrastruktur. Wohnmobilisten finden zwei Campingplätze im Dorf Haamstede unweit der Kirche (siehe Seite 52 f.). Die Geschichte der beiden Dörfer reicht bis ins Mittelalter zurück, aus dem noch der älteste Teil des **Schlosses Haamstede** zeugt. Nach einigen Eigentürmerwechseln und Umbauten kam das Anwesen Mitte des 19. Jahrhunderts in den Besitz der Familie Lek de Clercq, die es heute noch als Ferienhaus nutzt. Das Schloss ist für die Öffentlichkeit nur am nationalen Monumententag zu besichtigen, aber auch von außen sehenswert. Auch das angrenzende, unter Naturschutz stehende Waldgebiet samt Dünenlandschaft ist nur begrenzt zugänglich.

4

Renesse ist DER Badeort par excellence, vor allem für jüngere Touristen. Vor allem baden, relaxen und feiern steht hier für Teenager und Junggebliebene auf der Tagesordnung. Doch auch für Familien mit Kindern eignet sich der breite, lang gezogene Badestrand bestens. Eine willkommene Abwechslung bietet ein Ausflug zu den vorgelagerten Sandbänken, auf denen sich Seehunde in der Sonne räkeln. Natürlich gibt es auch ein breites Netz an gut unterhaltenen Radwegen, sodass Sie auf das Wohnmobil gerne verzichten können. Räder mit oder ohne elektrische Hilfe gibt es für alle Altersgruppen auch vor Ort zu mieten.

▲ Leuchtturm von Nieuw-Haamstede ◀ Schloss Haamstede ▶ Strand von Westenschouwen

◀ Renesser Zentrum ▶ Burgsluis

DELTAPARK NEELTJE JANS Wenn Sie in Westenschouwen auf dem Scheitelpunkt der Düne über den Sandstrand blicken, kommt auch ein Teil der Deltawerke ins Blickfeld. Die Wehren wurden wegen der zahlreichen Überschwemmungen, vor allem aber nach der verheerenden Flutkatastrophe im Jahr 1953 ins Leben gerufen und sind eine technische Meisterleistung niederländischer Ingenieure, was mit dem Status eines UNESCO-Welterbes unterstrichen wurde. Einen sehr informativen Einblick in die Bau- und Arbeitsweise der Wehren gibt es im Deltapark Neeltje Jans einige Kilometer südlich von Westenschouwen auf der Oosterscheldekehring (Damm). Die Geschichte über die Flutkatastrophe von 1953 wiederum wird im Watersnoodmuseum in Ouwerkerk dokumentiert (siehe Seite 59).

DIE UMGEBUNG ERKUNDEN

Ein paar Kilometer nördlich von Haamstede erhebt sich in Nieuw-Haamstede der 58 Meter hohe **Leuchtturm**. Er wurde ab 1837 in dreijähriger Bauzeit errichtet und trägt eine rot-weiße Bemalung, die Freizeitflieger vor dem Hindernis warnen soll. Südlich von Haamstede an der Küste gelangt man zur kleinen Siedlung **Burgsluis** mit sehr guter Gastronomie und dem **Plompe toren**, einem 23 Meter hohen Backsteinturm aus dem 14. Jahrhundert. Er ist ein Überbleibsel der Dorfkirche von Koudekerke, einem kleinen Dorf, das mit einer Dutzend anderer Inseldörfer von Mitte des 15. Jahrhunderts bis etwa Mitte des 17. Jahrhunderts von der Nordsee überflutet wurde. Wie überall in den Niederlanden können Sie auch diese Gegend mit dem Rad erkunden – die Radinfrastruktur ist bestens ausgebaut.

West Punt am Grevelingenmeer

ABSTECHER AUF DIE INSEL GOEREE-OVERFLAKKEE

Der sechs Kilometer lange Brouwersdam wurde in zehnjähriger Bauzeit ab dem Jahr 1962 angelegt und verbindet die beiden Inseln Schouwen-Duiveland und Goeree-Overflakkee. Obwohl es geografisch nicht so aussieht, gehört Goeree-Overflakkee zur Provinz Zuid-Holland mit zentraler Verwaltung in Den Haag. Zwischen den Inseln erstreckt sich das **Grevelingenmeer**, Europas größter Salzwassersee. Er steht teils unter Naturschutz, teils wird er für den Wassersport genutzt. Vor allem bei Tauchern ist das Grevenlingenmeer sehr populär wegen der vielen Tauchmöglichkeiten, unter anderem zu verschiedenen Wracks, die hier versenkt wurden. An den Ufern des Sees befinden sich gute Tagesstellplätze, aber auch Camperparks zum Übernachten sowie das interessante **Rotterdamer Straßenbahnmuseum**, wo man auch größere Camper parken kann. Übernachten ist dort aber ebenfalls verboten. Im Inselinneren interessant sind die beiden typisch seeländischen Dörfer **Ouddorp** mit der gotischen Dorfkirche als Mittelpunkt und **Goedereede** mit seinem hübschen Ortskern (visitgo.nl/de/tun/wandern/stadtspaziergang-goedereede).

Auf einen Blick

Info

STADT/REGION: Burgh-Haamstede, Schouwen-Duiveland
BESTE REISEZEIT: Ganzjährig
OPTIMALE REISEDAUER: 3–4 Tage
TOURISTINFOS: Die Touristenbüros in Burgh-Haamstede, Renesse und Westenschouwen sind leider seit Januar 2020 geschlossen. Infos zu den Badeorten sind unter burgh-haamstede.com, renesse.com und zeeland.com/westenschouwen erhältlich; Goeree-Overflakkee: Bosweg 2, 3253 XA Ouddorp, Tel. +31 (0)187/68 17 89, visitgo.nl/de

SEHENSWÜRDIGKEITEN

SCHLOSS HAAMSTEDE: Ring 2, 4328 AE Burgh-Haamstede, Tel. +31 (0)35/655 99 11, zeeland.com/nl-nl/visit/223_nl/slot-haamstede
LEUCHTTURM NIEUW-HAAMSTEDE: Vuurtoren 1, 4328 KG Burgh-Haamstede
DELTAPARK NEELTJE JANS: Faelweg 5, 4354 RB Vrouwenpolder, Tel. +31 (0)111/65 56 55, neeltjejans.nl
WATERSNOODMUSEUM: Weg van de Buitenlandse Pers, 4305 RJ Ouwerkerk, Tel. +31 (0)111/64 43 82, watersnoodmuseum.nl/de

Salzwiesen im Hinterland von Burgsluis

AUF EINEN BLICK

STRASSENBAHNMUSEUM: G. C. Schellingerweg 2, 3253 MD Ouddorp, Tel. +31 (0)187/68 99 11, rtm-ouddorp.nl
TAUCHEN GREVELINGENMEER UND ZEELAND: Interaktive Karte mit Tauchstellen in Zeeland: duikplaats.net/nederland/zeeland; Tauchschule: Elkerzeeseweg 34, 4322 NB Scharendijke, info@duikschoolzeeland.nl, duikschoolzeeland.nl/index.html

CAMPING DAPPERHOF

ADRESSE: Dapperweg 15, 4328 BA Burgh-Haamstede, Tel. +31 (0)111/65 16 08, campingdapperhof.nl/
ANFAHRT: Auf der N57 und am Kreisverkehr bei Burgh-Haamstede dem Wegweiser Roterij folgen. Kurz danach Richtung Shell-Tankstelle abbiegen und dann die erste Straße nach rechts bis ans Ende, wo es nach links kurz nach dem Camping Weideveld zum Campingplatz geht.
GPS: 51.697869, 3.745696
Schöner, in mehrere mit Hecken umzäunte Felder unterteilter Campingplatz, teilweise mit festem Untergrund fürs Wohnmobil, ansonsten Grasfläche. Nur wenige Gehminuten vom Zentrum von Burgh-Haamstede entfernt. Zweckmäßige Infrastruktur mit einfachen, aber sauberen Sanitäreinrichtungen; gratis Wi-Fi.

◀ Camping Weideveld ▶ Camping Ginsterveld

Camping Dapperhof

CAMPING WEIDEVELD

ADRESSE: Dapperweg 20, 4328 BB Burgh-Haamstede,
Tel. +31 (0)111/65 16 15, campingweideveld.nl

ANFAHRT: Auf der N57 und am Kreisverkehr bei Burgh-Haamstede dem Wegweiser Roterij folgen. Kurz danach Richtung Shell-Tankstelle abbiegen und dann die erste Straße nach rechts bis ans Ende, wo es nach links zum Campingplatz geht.

GPS: 51.698014, 3.747685

Kleiner, ein paar Gehminuten vom Zentrum von Burgh-Haamstede entfernter Campingplatz mit Grasfläche und 25 Plätzen, zwischen 100 und 160 Quadratmeter groß. Wasser- und Stromanschluss am Platz; gratis Wi-Fi, vier kostenpflichtige Duschen und zwei Toiletten. 21 Plätze haben ein eigenes WC; Waschmaschine und Trockner gegen Bezahlung.

ALTERNATIVE CAMPINGPLÄTZE

Mit einer sehr guten Infrastruktur, vom Brötchenservice bis hin zum Indoor-Schwimmbecken, und teils mit privatem, modernem Sanitärhäuschen am Platz empfiehlt sich **CAMPING GINSTERVELD** am Ortsrand, circa drei Kilometer vom Zentrum von Burgh-Haamstede entfernt. ginsterveld.nl

Gut 13 Kilometer entfernt liegt der **CAMPERPARK MARINA PORT ZÉLANDE**. camperparkmarinaportzelande.com

Dritte Möglichkeit ist der elf Kilometer entfernte **CAMPERPLAATS BROUWERSDAM**. camperplaatsbrouwersdam.nl

EINE STADT UNTER DENKMALSCHUTZ

Zierikzee

Blick vom Monsterturm auf Zierikzee

Die knapp 10 000 Einwohner große Stadt an der Oosterschelde hat wie keine andere in Seeland viele Krisen, Kriege und Katastrophen besser überstanden, weshalb der historische Kern fast vollständig erhalten geblieben ist. Zierikzee zählt heute rund 560 denkmalgeschützte Gebäude, eines schöner als das andere. Beim Rundgang durch den alten Kern hat man deshalb auch den Eindruck, durch ein großes Freiluftmuseum zu spazieren.

Hinter fast jeder Fassade von Zierikzee verbirgt sich eine Erzählung, hinter fast jeder Tür ein Schicksal. Die beeindruckenden Gebäude zeugen von der reichen Geschichte dieses charmanten Kleinstädtchens und vermitteln einen guten Eindruck von dessen einstiger Blütezeit – 1248 erhielt Zierikzee das Stadtrecht und stieg vom einfachen Fischerdorf zur wohlhabenden Stadt auf. Hier wurde Handel mit Salz und Heringen getrieben, aber auch Tücher und Färbemittel wurden im Hafen umgeschlagen.
Sofern Sie nicht mit dem Rad anreisen, können Sie Ihr Wohnmobil auf dem Parkplatz P3 in der Scheldestraat oder auf dem Parkplatz P2, Hartfieldpark, abstellen. Zum Übernachten haben Sie die Wahl zwischen dem Wohnmobilstellplatz am Zandweg und den Campingplätzen Kloet und Zierkzee (siehe Auf einen Blick).

BUMMEL DURCH DIE JAHRHUNDERTE

Vom Wohnmobilstellplatz am Zandweg sind es circa 1,2 Kilometer zum mittelalterlichen Stadttor **Nobelpoort** mit den auffallenden zwei Türmen. Es ist eines der drei Stadttore, stammt aus den ersten Jahren des 14. Jahrhunderts und ist von allen am besten erhalten. Durch das Tor kommen Sie in den historischen Kern. Unser Rundgang führt geradeaus durch die Korte Nobelstraat mit Blick auf eine Windmühle über den Häuserdächern. Am Ende der Straße nehmen Sie rechts die Straße Watermolen bis zu ihrem Ende, um dann nach links durch die Verrenieuwstraat weiterzulaufen. An deren Ende geht es erst rechts und kurz danach links durch die Maarstraat in die Meelstraat, wo Sie linkerhand das **historische Rathaus** passieren. Das monumentale Gebäude ist rund 450 Jahre alt und war lange Zeit der Mittelpunkt der Stadt. Neben der Stadtverwaltung waren unter seinem Dach auch das Gericht, die Waage und der Fleischmarkt untergebracht.

5

STADTMUSEUM Im Rathaus befindet sich heute das Stadtmuseum, das anhand seiner Ausstellungsstücke die Geschichte und Entwicklung der Stadt und der Insel Schouwen-Duiveland aus jener Zeit beleuchtet, als intensiver Handel mit Salz, Fisch und Farbstoffen zur Färbung von Textilien mit ganz Europa getrieben wurde.

Ein paar Schritte nach dem Rathaus trifft man auf das einstige Kaufmannshaus **De Haene** aus dem 14. Jahrhundert – das älteste Gebäude der Stadt verdankt seinen Namen den beiden Hähnen an der Fassade. Kurz nach dem Haus gehen Sie erst rechts und danach links durch den Appelmarkt geradeaus zum Havenplein. Bevor Sie in den Appelmarkt einbiegen, können Interessierte noch einen Blick in das **Kameramuseum** in der Korte Sint Janstraat werfen.

Der **Havenplein** war und ist das pulsierende Zentrum der Stadt mit gemütlichen Terrassencafés und Restaurants, Wasserspielen und einem Pavillon. Um den Platz gruppieren sich liebevoll restaurierte, monumentale Wohn- und Kaufmannshäuser mit unterschiedlichen Giebeln. Auffallendstes Gebäude am Platz ist die reformierte Kirche aus Sandstein und mit Arkadenbögen.

◀ Havenplein im Zentrum von Zierikzee ▶ Gebackene Kabeljaustücke (Kibbeling)

◀ Historischer Hafen ▶ Zuidhavenpoort mit Klappbrücke

AM HAFEN

Am Ende des Havenpleins erstreckt sich der **alte Hafen** mit historischen Handels- und Transportschiffen, der bei den beiden Stadttoren **Noordhavenpoort** und **Zuidhavenpoort** endet. Das Nordhafentor wurde im 14. Jahrhundert errichtet, zwei Jahrhunderte später umgebaut und unterscheidet sich heute vom Nachbartor aufgrund seiner Größe und zwei Treppengiebeln. Das Südhafentor springt dagegen mit seinen vier Ecktürmen, der backsteinernen Bauweise und der Größe sofort ins Auge. Es stammt vermutlich aus dem 15. Jahrhundert und beherbergt das älteste Carillon (Glockenspiel) der Niederlande aus der Mitte des 16. Jahrhunderts. Zwischen den mittelalterlichen Stadttoren überbrückt eine fotogenen, hölzernen **Klappbrücke** die Zufahrt in den alten Hafen. Beim Südhafentor verlassen Sie den historischen Hafen, halten sich rechts und folgen nun der Kade des neuen Hafens bis zur Gabelung mit der Hoofdpoortstraat.

FRISCH AUS DEM MEER Muscheln aus der Oosterschelde, fangfrischer Nordseefisch, Krabben oder einfach nur ein eingelegter Hering mit Zwiebel und süßsauren Gurken: Die kleinen, gemütlichen Restaurants (Eetcafés) in ortstypischen Häusern entlang des neuen Hafens sind die besten Orte, um Leckerbissen aus der Nordsee und dem Mündungsdelta der Schelde zu genießen, oft auf einer kleinen Terrasse am Wasser. Zu den Schalentieren passt gut ein regionaler Weißwein, der unter anderem vom kleinen Weingut (Wijnhoeve) de Kleine Schorre kommt. Zuiddijk 4, 4315 PA Dreischor, Tel. +31 (0)111/40 15 50, dekleineschorre.nl

Zentrum von Brouwershaven

Über den Dächern bei der Gabelung mit der Hoofdpoortstraat ragt die **Windmühle Blauwe Bolwerk** empor, ein Überbleibsel der einstigen Stadtbefestigung aus der Mitte des 17. Jahrhunderts. Am Ende der Hoofdpoortstraat geht es nach rechts durch die Ravestraat und weiter immer geradeaus. Nach ein paar Gehminuten stoßen Sie auf die **Nieuwe Kerk** (Neue Kirche) und links davon auf den Turm des Sint-Lievens-Münsters, im Alltag eigentlich nur **Monsterturm** genannt. Er hat an seiner Basis eine quadratische Form und ist gut 60 Meter hoch. Die Bauzeit betrug 30 Jahre. Das einstige spätgotische Kirchenschiff wurde bei einem Brand 1832 völlig zerstört und nicht wieder aufgebaut. An seiner Stelle befindet sich heute die Nieuwe Kerk. Der Turm ist eines der Wahrzeichen der Stadt, beherbergt ein kleines Museum zur Geschichte des Bauwerks und kann bestiegen werden. Von der obersten Plattform bietet sich ein herrlicher Panoramablick über die Stadt und die flache Umgebung. Durch die Poststraße bei der Nieuwe Kerk kommen Sie immer geradeaus entlang des ehemaligen Waisenhauses wieder zum Havenplein, von wo Sie links durch die Gassen zum Ausgangspunkt zurückkehren können.

RINGDÖRFER RUND UM ZIERIKZEE

In der Umgebung gibt es einige sehenswerte Orte, die bei genügend Zeit einen kurzen Besuch lohnen, etwa die **Ringdörfer**, die Ende des 12. und Anfang des 13. Jahrhunderts entstanden sind. Ein Ringdorf ist ein vor allem in der Provinz Zeeland vorkommender Dorftyp. Der zentrale Punkt war fast immer eine Kirche mit Friedhof, umgeben von einer fast kreisrunden Gracht, die die ebenfalls runde Dorfstraße mit Wohnhäusern vom kirchlichen Teil trennte.

Eines der schönsten Dörfer ist **Noordgouwe**, das Sie gleich am Ortseingang mit einem schönen alten Häuserensemble begrüßt. Diese Gruppe denkmalgeschützter Häuser ist als Pottere Hofjes bekannt, die im 17. Jahrhundert für arme Witwen im Auftrag von Rittergattin De Pottere erbaut wurden. Höhepunkt ist aber der kleine, denkmalgeschützte Ortskern. Weiße Giebelhäuser reihen sich um die mittelalterliche Kirche mit Wassergraben, der sie zu einer Insel macht, aneinander.
Lohnenswert sind darüber hinaus das besterhaltene Ringdorf des Landes, **Dreischor** mit kleinem Museum, das hübsche Städtchen **Brouwershaven** und der bei niederländischen Touristen sehr beliebte Bade- und Fischerort **Bruinisse**.

Tipp

Etwa acht Kilometer südöstlich von Zierikzee befindet sich das Sturmflutmuseum (Watersnoodmuseum) in einer bunkerähnlichen Anlage. Es erzählt auf sehr eindringliche Weise über die Stunden, Tage und Wochen nach der katastrophalen Sturmflut in der Nacht vom 31. Januar auf den 1. Februar 1953. Dabei brachen an den Küsten Zeelands die Deiche. Die mehrere Meter hohe Springflut überflutete komplett das Hinterland und riss nach offiziellen Angaben 1835 Menschen in den Tod. Nach der verheerenden Katastrophe wurde schließlich der Deltaplan zum Schutz der Küsten ins Leben gerufen, der den Startpunkt zum Bau der Deltawerke setzte (siehe Seite 49).

◄ Bruinisse ► Weingut Dreischor

AUF EINEN BLICK

Info

STADT/REGION: Zierikzee, Schouwen-Duiveland
BESTE REISEZEIT: Ganzjährig
OPTIMALE REISEDAUER: 2–3 Tage
TOURISTINFO: Das Touristenbüro ist seit 2020 geschlossen. Infos über die Stadt, die Sehenswürdigkeiten und die Umgebung sind unter anderem unter zeeland.com erhältlich.

SEHENSWÜRDIGKEITEN

STADTTORE & ALTER HAFEN: Oude Haven 55, 4301 JK Zierikzee
NOBELPOORT: Korte Nobelstraat 41, 4301 HM Zierikzee
HISTORISCHES RATHAUS: Meelstraat 6–8, 4301 EC Zierikzee, Tel. +31 (0)111/45 44 64, stadhuismuseum.nl
HAUS DE HAENE: Meelstraat 3, 4301 EA Zierikzee
KAMERAMUSEUM: Korte Sint Janstraat 5, 4301 AE Zierikzee, Tel. +31 (0)111/41 20 48, cameramuseum.nl
WINDMÜHLE BLAUWE BOLWERK: Bolwerk 2, 4301 AP Zierikzee
NIEUWE KERK: Kerkplein 1, 4301 EE Zierikzee, Tel. +31 (0)111/42 05 17, nieuwekerkzierikzee.nl
MONSTERTURM: Kerkplein 2, 4301 EE Zierikzee
WATERSNOODMUSEUM: Weg van de Buitenlandse Pers, 4305 RJ Ouwerkerk, Tel. +31 (0)111/64 43 82, watersnoodmuseum.nl/de

WOHNMOBILSTELLPLATZ DE ZANDWEG

ADRESSE: Zandweg 30, 4301 TA Zierikzee, Tel.+31 (0)111/41 53 26, camperplaatszierikzee.nl
ANFAHRT: Auf der N59 bis an den Nordwestrand der Stadt, dann kurz nach bzw. vor der Shell-Tankstelle in den Zandweg einbiegen. Nach rund 100 Metern befindet sich der Platz auf der linken Seite.
GPS: 51.65690, 3.91233
Ganzjährig geöffneter, gepflegter Wohnmobilstellplatz mit circa 20 Plätzen auf festem Untergrund und Zehn-Ampere-Stromanschluss. Keine Toiletten, keine Duschen, gratis Wi-Fi, Entsorgung für Grauwas-

◀ Wohnmobilstellplatz De Zandweg ▶ Camperpark Veerse meer

ser und Chemie-Toilette. Bezahlung am Automaten, über Camperpay oder durch Überweisung. Keine festen Zeiten für die An- und Abreise.

CAMPING KLOET

ADRESSE: Eerste Weegje 3, 4301 SL Zierikzee, Tel. +31 (0)111/41 42 14, campingkloet.nl/

ANFAHRT: Auf der N59 und am Nordwestrand der Stadt Richtung Zierikzee P (Shell-Tankstelle) abbiegen, dann immer geradeaus weiter bis zum Campingplatz.

GPS: 51.646957, 3.911405

Etwa einen Kilometer vom Zentrum entfernt gelegener Campingplatz mit rund 40 geräumigen Stellplätzen, einige davon mit Hecken an drei Seiten und festem Untergrund fürs Wohnmobil. Alle Plätze mit Strom- und Wasseranschluss. Gratis Wi-Fi, vier Duschen, fünf Toiletten, Entsorgung für die Chemie-Toilette.

CAMPING DE TOREN

ADRESSE: Eerste Weegje 2, 4301 SL Zierikzee, Tel. +31 (0)111/41 23 08, campingdetoren.nl/

ANFAHRT: Auf der N59, dann am Nordwestrand der Stadt Richtung Zierikzee P und Shell-Tankstelle abbiegen, immer geradeaus weiter und nach dem Verkehrskreis die zweite Straße rechts zum Campingplatz.

GPS: 51.647561, 3.910074

Minicampingplatz mit zehn Plätzen auf festem Untergrund und zweckmäßiger Sanitäreinrichtung. Der Platz ist ruhiger als der nahe gelegene Camping Kloet.

MAASHATTEN

Die vielen Gesichter Rotterdams

Eines der Wahrzeichen von Rotterdam: die Erasmusbrücke

6

Die Skyline der Stadt beidseitig der Maas ist atemberaubend, der Hafen interessant und faszinierend, die Architektur teils bahnbrechend … Rotterdam hat sich von einer schmuddeligen Arbeiter- und Hafenstadt in eine hypermoderne City verwandelt.

Wegen seiner Lage am Ufer der Maas und der umwerfenden Skyline mit einem kleinen Schmunzeln und in Anlehnung an den New Yorker Stadtteil Manhatten gerne auch als »Maashatten« bezeichnet. Doch Rotterdam kann nicht nur modern – die Stadt trumpft auch mit authentische Stadtteilen und Vierteln auf, in denen die neue Zeit nicht an allen Ecken und Enden sichtbar wird.

Von Ihrem Wohnmobilstell- bzw. Campingplatz nehmen Sie am besten die öffentlichen Verkehrsmittel oder das Rad, um ins Zentrum zu gelangen. Parkplätze sind kostenpflichtig und für größere Wohnmobile sowieso ungeeignet. Mit einem kleinen Wohnmobil oder Buscamper kann man eventuell noch beim Hotel New York parken, aber auch dort müssen Sie tief in die Tasche greifen, denn die Parkgebühren sind nicht besucherfreundlich.

EIN KURZER RÜCKBLICK

Die Luftangriffe im Zweiten Weltkrieg haben in Rotterdam keinen Stein auf den anderen gelassen. Der rasche Wiederaufbau konnte zunächst nur mit funktioneller Architektur bewerkstelligt werden. Doch in den 1950er-Jahren kam Rotterdam in die Schlagzeilen der internationalen Presse – mit der weltweit ersten autofreien Einkaufsstraße: der **Lijnbaan**. In den 1970er-Jahren folgten die außergewöhnlichen **Kubus-Wohnungen**, und mittlerweile hat sich Rotterdam quasi zur Spielwiese von Architekten aus aller Welt entwickelt. Was dabei zum Vorschein kam und kommt, ist nicht nur sehenswert, sondern oft auch sehr gewagt – teils zeitlos, teils revolutionär, teils funktionell.

DIE HIGHLIGHTS DER STADT

Im Herzen der Maasmetropole um den alten Hafen ziehen sofort zwei außergewöhnliche Gebäude die Blicke auf sich: die **Markthalle** und die nur einen Steinwurf entfernten Kubus-Wohnungen. Neben ihnen erhebt sich der **»Bleistift«**, ein Wohnturm, dessen Aussehen keiner weiteren Erläuterung bedarf. Am **Oude haven** (dem alten Hafen) laden Terrassencafés zum Verweilen ein mit Blick auf das Weiße Haus und ein kleines Schiffsmuseum. Gen Westen hin verlängert sich der Hafen v-förmig mit dem Scheepmakers- und dem Wijnhaven, an dessen Ende sich das **Maritime Museum** befindet. Ein paar Schritte südlich davon fließt die Maas, die man auf der modernen **Erasmusbrücke** überqueren kann. Dabei bietet sich ein wunderschöner Blick auf die Skyline der Stadt gen Norden und Osten, während Richtung Westen die Maas langsam den Hafen erreicht.

Am Südende der Brücke liegt in einem sanierten Hafengebiet der Stadtteil **Kop von Zuid**, unter anderem mit dem altehrwürdigen **Theater Luxor**, der Anlegestelle für Kreuzfahrtschiffe am Fuße des dominierenden Büroturms **De Rotterdam** und dem mit 165 Metern höchsten Wolkenkratzer des Landes, **De Maastoren.** In dem Ensemble aus einem Dutzend von Wolkenkratzern duckt sich am Ende der Landzunge das historische Gebäude der einst niederländischen Reederei Holland America Lijne (HAL), die im Jahr 1873 gegründet wurde und über 100 Jahre von hier aus Passagiere nach Amerika und Kanada brachte. Vor allem nach dem Zweiten Weltkrieg war die HAL für Auswanderer der Sprung nach Amerika. Heute dient das Haus als **Hotel New York**, in dessen Lobby und Restaurantbereich Sie unbedingt einen Blick werfen sollten.

◀ Markthalle ▶ Museum Depot Boijmans van Beuningen

Alter Hafen mit Kubuswohnungen

FENIX FOOD FACTORY Vom Hotel New York sind es nur ein paar Gehminuten über die Rheinhafenbrücke zur Fenix Food Factory an der anderen Uferseite, wo in alten Lagerhallen Chefköche ein reiches Angebot an internationalen und regionalen Gerichten anbieten. Zudem kann man lokale Produkte einkaufen und Bier verkosten. Sollte Ihnen der Rückweg zu lange erscheinen, können Sie ab dem Hotel New York die Maas auch mit einem Wassertaxi überqueren. Nico Koomanskade 1025, 3072 LM Rotterdam, Tel. +31 (0)10/218 08 53, info@fenixfoodfactory.nl, fenixfoodfactory.nl

Die Liste der architektonisch interessantesten und außergewöhnlichsten Bauwerke der Stadt ist lang und umfasst derzeit rund 200 Objekte. Es gibt sogar eine **Architekturroute** und seit 2022 jedes Jahr die Rooftop Days mit dem **Rotterdam Rooftop Walk**, einer für dieses Architekturevent eigens errichteten Brücke, die es ermöglicht, gegen eine geringe Gebühr über die Dächer zu spazieren – wenn auch wegen der Länge nur begrenzt. Das **Het Nieuwe Instituut** (Neue Institut) informiert über modernes Design, Architektur in der Stadt und im Allgemeinen sowie über neue Strömungen, beispielsweise digitale Kultur. Und im Tourismusbüro der Stadt gibt es für ein paar Euro die Broschüre »Entdecke Rotterdam« und natürlich jede Menge Informationen, was wo in der Stadt läuft.

Rotterdamer Hafen

ROTTERDAMS HAFEN

Europas größten Hafen muss man einfach gesehen haben. Aufgestapelte Container, so weit das Auge reicht, computergesteuerte Lastkräne, Erz- und Kohlehaufen, fast so hoch wie die niederländischen Berge, riesige Gas- und Öllager, Schleppboote, Tank- und Containerschiffe an den Kaden – das ist das Bild des **Port of Rotterdam**, in dem jährlich bis zu einer halben Milliarde Tonnen an Gütern umgeschlagen werden. Vor ein paar Jahren platzte schließlich der von 1968 bis 1974 bereits mit der Maasvlakte 1 ausgebaute Hafen aus allen Nähten. 2013 begannen die Arbeiten zur Erweiterung. Dafür wurde, wie so oft in den Niederlanden, dem Meer Land abgerungen, das den Namen Maasvlakte 2 erhielt und auch die Landesfläche um ein paar Quadratkilometer vergrößerte.
Dass der Hafen gleichzeitig ein großes Sicherheitsrisiko darstellt, bemerkt man an den Schranken und dem Sicherheitspersonal, das Unbefugten das Betreten der Be- und Entladezonen verbietet. Eine **Hafenrundfahrt** ist deshalb auch die beste Möglichkeit, den Alltag vor Ort hautnah mitzuerleben. Auch zum neu angelegten Hafen werden Ausflüge organisiert. Rundfahrtboote starten ab der Erasmusbrücke.

6

Tipp

Sie haben keine Lust auf eine Bootsfahrt durch den Rotterdamer Hafen? Dann gibt es eine schöne Alternative, um dennoch einen Blick auf den Hafen werfen zu können: rauf auf den Euromast! In Höhe von 112 Metern gibt es eine Aussichtsplattform, die ein 360-Grad-Panorama auf die Stadt und den Hafen ermöglicht. Etwa zehn Meter tiefer kann man sogar ein Hotelzimmer buchen, was ab Windstärke fünf allerdings etwas wackelig werden kann. Und in 96 Meter Höhe befindet sich auch noch ein Restaurant – Speisen mit atemberaubender Aussicht!

DIE FREIZEITOASE DER STADT

Verschnaufpause nötig? Dann ist der **Kralinger See** samt Wald der beste Platz zum Entspannen in der Maasmetropole. Das rund 300 Hektar große Areal mit zwei historischen Windmühlen und guter Gastronomie am Ostufer ist das wichtigste Freizeitgebiet in Rotterdam und wird jährlich von rund 3,5 Millionen Großstädtern frequentiert. Am Westufer befinden sich ein feinsandiger Strand, ein Hafen für Segelboote und ein Klettergarten. Am Nord- und am Ostufer breitet sich der Wald mit Wanderwegen aus. Im Süden schließlich erheben sich die Wohnblöcke des Stadtteils Kralingen. Der See entstand Ende des 19. Jahrhunderts durch den Abbau von Torf und wird seit Beendigung des Abbaus am Beginn des 20. Jahrhunderts als Freizeitgebiet genutzt.

◀ Euromast ▶ Kralinger See

6

AUSFLUG ZU DEN WINDMÜHLEN

Die wohl attraktivsten Sehenswürdigkeiten in der Umgebung von Rotterdam sind die **Windmühlen von Kinderdijk**. Die zur Gänze intakten unterschiedlichen Mühlen erheben sich in Reih' und Glied am Ufer der Nederwaard nahe Ablasserdam und gehören zu den am häufigsten fotografierten Motiven in den Niederlanden. Vor allem am Morgen, wenn die Sonne gerade aufgegangen ist, ist die Atmosphäre stimmungsvoll.

Doch eigentlich standen die Windmühlen früher nicht hier, sondern wurden aus allen Landesteilen hergebracht. Derzeit gibt es rund 20 verschiedene, funktionsfähige Mühlen, allesamt liebevoll restauriert, einige bewohnt, eine Handvoll für Besucher zugänglich. In einigen Mühlen können Sie das Handwerk hautnah miterleben, in anderen erfährt man Historisches über die Mühle und teils auch die Geschichte des seit Jahrhunderten andauernden Kampfes der Niederländer gegen die Sturmfluten der Nordsee.

Die Einzigartigkeit der Anlage wurde mit dem Status UNESCO-Weltkulturerbe ausgezeichnet – mittlerweile kommen Touristen aus der ganzen Welt hierher. Deshalb sollte die Anreise wohl überlegt sein, denn es gibt nur eine Handvoll Parkplätze am Eingang;. Alternativ fährt von Rotterdam Zuidplein mehrmals täglich einen Bus nach Kinderdijk. Die Fahrzeit beträgt circa 50 Minuten. Schneller geht es mit dem (Miet-)Rad auf der circa 15 Kilometer langen Strecke ab dem Rotterdamer Zentrum. Und die schönste Anreise bietet die Bootsfahrt mit dem Wasserbus Linie 20, der in Rotterdam an der Erasmusbrücke startet (Fahrzeit ungefähr 35 Minuten).

◀ Käsegeschäft in der alten Waage ▶ Gotisches Rathaus von Gouda

Häufiges Fotomotiv: die Kinderdijker Windmühlen

Tipp

Wer mehr über den Kampf der Niederländer gegen die Sturmfluten der Nordsee erfahren möchten, dem sei ein Besuch der Stormvloedkehring (des Sturmflutwehrs) an der Einmündung der Maas in die Nordsee empfohlen. Es ist eine technische Meisterleistung und Teil der Deltawerke, die zum Schutz des Hinterlandes angelegt wurden. Im Informationszentrum (Keringhuis) erfahren Sie alles über das Schutzwehr. An Wochenenden werden auch geführte Besichtigungen angeboten.

NICHT NUR KÄSE!

Wer Gouda sagt, denkt zunächst sicherlich an Käse. Denn unter dem Label »Gouda« wird bekanntlich weltweit Käse produziert. Echter Gouda-Käse wird heutzutage allerdings unter der geschützten Ursprungsbezeichnung »Gouda Holland« verkauft. Das charmante Städtchen **Gouda** allerdings nur auf Käse zu reduzieren, schmeichelt ihm keineswegs. In der gepflegten Altstadt flaniert man an vielen historischen Bauwerken am und um dem mittelalterlichen Marktplatz entlang, mit dem **gotischen Rathaus** mitten am Platz als Blickfänger. Die Gebäude zeugen von einer reichen, aber auch turbulenten Geschichte der Stadt, die sich am Zusammenfluss der Hollandse Ijssel mit der Gouwe befindet. Als Ausgangspunkt für eine Stadttour ist der Marktplatz ein gute Wahl; zudem gibt es hier jeden Mittwoch einen Wochenmarkt, und von Anfang April bis Ende August findet jeden Donnerstagvormittag ein **historischer Käsemarkt** vor dem Rathaus statt. Das Wohnmobil – falls Sie damit anreisen wollen – parken Sie am besten am Stellplatz Klein Amerika, wo Sie übrigens auch übernachten können (siehe Seite 71).

AUF EINEN BLICK

Info

STADT/REGION: Rotterdam, Zuid-Holland
BESTE REISEZEIT: Ganzjährig
OPTIMALE REISEDAUER: 2–3 Tage
TOURISTINFO: Hauptbahnhof, Stationsplein 21, 3013 AJ Rotterdam, Tel. +31 (0)10/790 01 85, rotterdam.info

SEHENSWÜRDIGKEITEN

KUBUSWOHNUNGEN: Overblaak 70, 3011 MH Rotterdam, Tel. +31 (0)10/414 22 85, kubuswoning.nl
MARITIME MUSEUM: Leuvehaven 1, 3011 EA Rotterdam, maritiemmuseum.nl
WELTMUSEUM: Willemskade 25, 3016 DMvRotterdam, Tel. +31 (0)10/270 71 72, wereldmuseum.nl
FOTOMUSEUM: Statendam 1, 3072 AR Rotterdam, Tel. +31 (0)10/203 04 05, nederlandsfotomuseum.nl
KUNSTHALLE: Museumpark, Westzeedijk 341, 3015 AA Rotterdam, Tel. +31 (0)10/440 03 00, kunsthal.nl
CHABOT VILLA: Museumpark 11, 3015 CB Rotterdam, Tel. +31 (0)10/436 37 13, chabotmuseum.nl
HET NIEUWE INSTITUUT: Museumpark 25, 3015 CB Rotterdam, Tel. +31 (0)10/440 12 00, hetnieuweinstituut.nl
DEPOT BOIJMANS VAN BEUNINGEN: Museumpark 24, 3015 CX Rotterdam, Tel. +31 (0)10/441 94 00, boijmans.nl
STREET ART MUSEUM: West-Kruiskade, 3014 AL Rotterdam, rotterdamstreetartmuseum.com
HOTEL NEW YORK: Koninginnenhoofd 1, 3072 AD Rotterdam, Tel. +31 (0)10/439 05 00, hotelnewyork.nl
EUROMAST: Parkhaven 20, 3016 GM Rotterdam, Tel. +31 (0)10/436 48 11, euromast.nl
STURMFLUTWEHR: Maeslantkeringweg 139, 3151 ZZ Hoek van Holland, Tel. +31 (0)88/797 06 30, keringhuis.nl; Besichtigungen: rijkswaterstaat.nl/en
WINDMÜHLEN VON KINDERDIJK: Molenkade Nederwaard 1, 2961 AS Kinderdijk, Tel.+31 (0)786/91 28 30, kinderdijk.nl

◀ Rotterdamer Stadtcamping ▶ Ein alternativer Platz in der Umgebung

STADSCAMPING ROTTERDAM

ADRESSE: Kanaalweg 84–86, 3041 JE Rotterdam,
Tel. +31 (0)10/415 34 40, stadscamping-rotterdam.nl
ANFAHRT: Auf der A13 Ausfahrt Overschie/Blijdorp; danach ist der Weg zum Campingplatz ausgeschildert.
GPS: 51.931254, 4.444070
Populärer Stadtcamping mit vielen Dauercampern und 15 schattenreichen Plätzen mit festem Untergrund und Stromanschluss (sechs Ampere) für Wohnmobile. Einfache sanitäre Einrichtungen, wo man auch die Chemietoilette entleeren kann. Hunde müssen angeleint sein.

CAMPERPLATZ SCHIEDAM

ADRESSE: Oordvest, 3111 PG Schiedam
ANFAHRT: Auf der A20 Ausfahrt Schiedam, dann Richtung Zentrum und nach der Bahnunterführung rechts bis zum Parkweg; diesem links folgen bis zur Noordvestgracht.
GPS: 51.919425, 4.394271
Sechs Stellplätze auf einem länglichen Parkplatz an der Kade der Noordvestgracht; nur für kleinere Camper geeignet. Keine Infrastruktur.

CAMPERPLATZ KLEIN AMERIKA

ADRESSE: Klein Amerika, 2806 CA Gouda, Tel. +31 (0)182/231 2 35
ANFAHRT: Auf der N207 Richtung Stadtzentrum, gleich nach der Überquerung der Hollandse Ijssel nach links und kurz darauf nach rechts und die Fluwelensingel entlang, bis rechts der Parkplatz bzw. die Straße Klein Amerika auftaucht.
GPS: 52.011958, 4.715987
Ein am Ostrand der historischen Altstadt gelegener Stellplatz für etwa ein Dutzend Wohnmobile, integriert in einen großen, kostenpflichtigen Parkplatz. Fester Untergrund, keine Infrastruktur.

DAS POLITISCHE ZENTRUM

Rund um Den Haag

Politisches Zentrum des Landes: der Binnenhof

Den Haag ist der »Nabel der Niederlande«, wenn es um Politik und Diplomatie geht. Moderne Bürotürme aus Glas, Beton und Stahl dominieren das Stadtbild. Doch im Herzen der Stadt lockt auch viel Historisches, etwa der aus dem 13. Jahrhundert stammende Binnenhof, heute Sitz der Landesregierung.

Um es gleich vorwegzunehmen: Der **Binnenhof**, einstiges Jagdschloss des Grafen von Holland, wird seit 2022 aufwendig renoviert. Deshalb kann der Innenhof des viereckigen Anwesens zurzeit nur teilweise besichtigt werden. Der darin befindliche **Ridderzaal**, in dem der König jedes Jahr im September seine Thronrede zur Lage der Nation hält, ist geschlossen. Doch auch rings um den Binnenhof und in den nahe liegenden Straßen reihen sich historische Herrenhäuser aneinander. Hinter den schönen Fassaden befinden sich oftmals Büros der Ministerien, Regierungsberater, Botschaften und Mitglieder von Organisationen aus der ganzen Welt. Auch im **Statenkwartier**, einem Viertel mit vielen Jugendstilhäusern, und im angrenzende **Villenviertel Zorgvliet** leben und arbeiten Diplomaten, Expats und Mitglieder der NGOs aus aller Welt. Für viele Touristen ist das Metier der Politik eher uninteressant, umso mehr reizen dafür Den Haags andere Sehenswürdigkeiten, allen voran die außergewöhnlichen Museen.

KREUZ UND QUER DURCHS ZENTRUM

Ausgangspunkt für eine kleine Stadtbesichtigung sollte **Het Plein** sein, ein fast quadratischer Platz mit Terrassencafés und Restaurant an der Ostseite des Binnenhofs. An dieser Ecke treffen Sie auch auf eines der schönsten Museen der Stadt: das **Mauritshaus** mit einer Sammlung von Meisterwerken niederländischer Künstler, unter anderem von Rembrandt und Vermeer. Einige Gehminuten nördlich davon liegt rechts das **Historische Museum**, in dem die Stadtgeschichte beleuchtet wird, und nur ein paar Meter links davon das **Museum Bredius** mit Meisterwerken europäischer Künstler.
Läuft man weiter in Richtung Norden, trifft man auf das **Hotel Des Indes**, einen ehemaligen Stadtpalast aus der Mitte des 19. Jahrhunderts, der heute zu den exklusivsten Hotels des Landes zählt. Der Name verweist auf das gleichnamige berühmte Hotel in der ehemaligen niederländischen Kolonialstadt Batavia, dem heutigen Jakarta, Hauptstadt von Indonesien.

MUSEUM ESCHER Schräg gegenüber dem Hotel Des Indes befindet sich im ehemaligen Winterpalast der Königin Emma das Museum Escher mit rund 120 Werken des Grafikers und Künstlers M. C. Escher (1898–1972), Meister der optischen Täuschung, wie man bereits am Schwarz-Weiß-Bild oberhalb des Eingangs erkennen kann.

Beim Hotel Des Indes können Sie durch den Denneweg mit kleinen Lokalen und Geschäften bis zur Mauritskade gehen und dann links entlang des Wassers bis zur Zeestraat, in der sich stadtauswärts das **Panorama Mesdag** befindet, ein Museum mit einem außergewöhnlichen Gemälde: ein 14 Meter hohes und 120 Meter langes Rundumbild des Badeorts Scheveningen, das im Jahr 1881 durch Hendrik Wilem Mesdag geschaffen wurde. Auf der Zeestraat, die später stadteinwärts zur Straße Nordeinde wird, kommen Sie am **Palast Nordeinde** vorbei. Er ist der offizielle Amtssitz des niederländischen Königs. Gegenüber steht ein Standbild des einstigen Statthalters Prinz Willem I. (1772–1843), einen Steinwurf dahinter das Standbild von Königin Wilhelmina (1880–1962).
Weiter stadteinwärts erreicht man einen v-förmigen Platz, der Richtung Binnenhof geöffnet ist. An seiner Ostecke befindet sich der **Gevangenpoort**, ein ehemaliges Gefängnis aus dem Mittelalter mit Zellen, Wärterunterkünften, Verhörzimmern und Richterkammern. Um die Ecke öffnet sich der Buitenhof, ein Platz, an dem der hübsch renovierte **Vijverhof** aus dem 17. Jahrhundert als Blickfänger fungiert. Wenn Sie durch die Einkaufsstraße

◀ Historische Passage ▶ Palast Noordeinde

Restaurants- und Cafés mit Terrasse am Großen Markt

Gravenstraat weitergehen, passieren Sie die über 135 Jahre alte **Passage**, die älteste, überdachte Einkaufspassage des Landes und ein wahres architektonisches Juwel. Kurz danach stoßen Sie auf das **Alte Rathaus** im Renaissancestil aus dem 16. Jahrhundert, ein paar Schritte weiter auf die **Große Sankt-Jakobs-Kirche** mit ihrem berühmten sechseckigen Turm. Bei der Kirche können Sie nach links durch die Schoolstraat zum **Grote Markt** weiterlaufen, wo Kneipen und Restaurants mit Straßenterrassen zum Verweilen einladen. Durch die Einkaufsmeile Grote Marktstraat bis zur Stadtbibliothek, dann nach links auf dem Spui und nach rechts durch Lange Poten erreichen Sie wieder Het Plein.

Tipp

Kunst gibt es in Den Haag nicht nur in altehrwürdigen Gebäuden. Die Stiftung Aight ist die Plattform für The Hague Street Art (THSA), die bildende Kunst und Graffitis nationaler Künstler im öffentlichen Raum fördert. Der Grundgedanke zu diesem Projekt ist, junge Künstler zu inspirieren, ihre Werke an offiziell ausgewählten Hauswänden und öffentlichen Plätzen zu verwirklichen und damit gleichzeitig dem Vandalismus durch Graffitis entgegenzuwirken. Halten Sie deshalb die Augen offen, wenn Sie durch die Stadt spazieren. Information über aktuelle Veranstaltungsorte, Ausstellungsflächen, Künstler und mehr gibt es unter anderem auf der Webseite der Stiftung (thehaguestreetart.nl).

Kunstmuseum Den Haag

NOCH MEHR MUSEEN

Weit außerhalb des Zentrums, aber nicht minder interessant sind der **Friedenspalast**, in dem unter anderem der internationale Gerichtshof angesiedelt ist, und das **Museon**, das unter dem Namen »One Planet« die Welt und ihre Zukunft in vielen Facetten für Groß und Klein näherbringen möchte. An das Museon schließt fast nahtlos das **Kunstmuseum Den Haag** an, das Mitte der 1930er-Jahre seine Pforten öffnete und Exponate zur Stadtgeschichte, zu unterschiedlichem Kunsthandwerk, bildender Kunst des 19. und 20. Jahrhunderts und Teile einer Sammlung von 40 000 historischen und zeitgenössischen Kleidungsstücken präsentiert. Als letzter Kunsttempel in der Reihe folgt das **Fotomuseum** mit wechselnden Ausstellungen nationaler und internationaler, meist sehr bekannter Fotografen wie der Amerikanerin Annie Leibovitz oder Helmut Newton (1920–2004), dem Australier mit deutschen Wurzeln.

Tipp

Das Madurodam ist ein circa 5000 Quadratmeter großer Themenpark für Groß und Klein mit den wichtigsten niederländischen Bauwerken in Miniaturform aus allen Epochen. Er wurde 1952 zur Erinnerung an den Kriegshelden Georg Maduro ins Leben gerufen. Das Startkapital kam von dessen Eltern. Neben den Miniaturbauten gibt es auch Indoor-Attraktionen, Spielplätze und Ateliers. Die Non-Profit-Einrichtung spendet jährlich einen Teil des Gewinnes für gute Zwecke für Kinder.

EHEMALIGER »PLACE TO BE«

Gen Westen geht Den Haag fast unbemerkt in den populären Badeort **Scheveningen** über, der sich beidseitig des Fischerhafens entlang der Nordseeküste erstreckt. Einmal im Jahr, meistens im Juni, kommt hier am **Vlaggetjesdag** im Hafen der erste fangfrische Matjeshering an, und das erste Fass wird für einen guten Zweck versteigert. Bei diesem Event steht ganz Scheveningen Kopf (vlaggetjesdag.com/contact-route/deutsch).

Scheveningen war einst ein schicker Badeort mit Gourmetrestaurants, stilvollen Hotels und Podien, auf denen bekannte Künstler, Jazzlegenden und Popgruppen wie die Rolling Stones auftraten; vor allem in den 1950er- und 1960er-Jahren war es der »place to be« für alle, die Rang und Namen hatten. Doch Ende der 1960er-Jahre kam langsam der Niedergang des Badeortes, die »Crème de la Crème« kehrte ihm den Rücken zu und viele Bauwerke verfielen. Glanz und Glamour aus dieser ruhmreichen Zeit versprüht heute lediglich noch das zum Fünf-Sterne-Hotel umgebaute **Kurhaus** mit stilvoller Empfangs- und Konzerthalle, in die Sie unbedingt einen Blick werfen sollten. Nahe dem Kurhaus erstreckt sich ein langer **Pier** in die Nordsee hinein – mit Imbissbuden, Geschäften, Bänkchen zum Ausruhen und einem Bungee-Jumping-Turm an seinem Ende. Der Pier ist täglich ab 10 Uhr geöffnet.

◀ Madurodam ▶ Kurhaus von Scheveningen

◀ Delfter Rathaus ▶ Typisches Porzellan in Delft Blau

STADT DES PORZELLANS

Von Den Haag aus benötigt man nicht viel Zeit für einen Abstecher ins charmante **Delft**, das mit der Straßenbahn schnell zu erreichen ist. Delft ist die Stadt des Porzellans, das seit 1653 unter dem Produktnamen »Delft Blau« hergestellt und vertrieben wird. Die Keramikproduktion kann bei einer Führung durch die **Porzellan-Manufaktur** sowie in verschiedenen Ateliers bewundert werden.

VERMEER-ZENTRUM Delft ist auch die Wirkungsstätte des berühmten niederländischen Malers Johannes Vermeer (1632–1675). Von seinen Werken – insgesamt nur 37 Gemälde – besitzt die Stadt allerdings kein einziges. Sie sind über die ganze Welt verstreut. Das **Vermeer-Zentrum** in der Altstadt dient deshalb nur zur Dokumentation des Lebens und Wirkens des Meisters.

Nur einen Steinwurf davon entfernt liegt der **Marktplatz**. Er ist der Mittelpunkt der Stadt und hat mit dem **historischen Rathaus**, einem Renaisssancebau aus dem Jahr 1629, und der **Nieuwe Kerk**, der Grabkirche des niederländischen Königshauses, zwei absolute Blickfänger zu bieten. In der Kirche befindet sich das sehenswerte und auch zugängliche **Prunkgrab von Wilhelm von Oranien**, und darunter liegt die königliche Gruft. Der Kirchturm misst 109 Meter und ist damit einer der höchsten des Landes. Auf einer Höhe von 85 Metern befindet sich zudem eine Plattform, die über 375 Stufen zu erreichen ist. Der Rundumblick auf das Treiben am Markt, auf reizvolle Grachten mit eindrucksvollen Giebelhäusern, imposanten Sakralbauten und Herrenhäuser lohnt den mühsamen Aufstieg allemal.

AUF EINEN BLICK

Info

STADT/REGION: Den Haag, Zuid-Holland
BESTE REISEZEIT: Ganzjährig
OPTIMALE REISEDAUER: 2–3 Tage
TOURISTINFOS: Den Haag & Scheveningen: Koningin Julianaplein 10, 2595 AA Den Haag, denhaag.com; Delft: Kerkstraat 3, 2611 GX Delft, Tel. +31 (0)6/22 99 88 61, delftconventionbureau.com

SEHENSWÜRDIGKEITEN

MAURITSHAUS: Plein 29, 2511 CS Den Haag, Tel. +31 (0)70/302 34 56, mauritshaus.nl
MUSEUM ESCHER: Lange Voorhout 74, 2514 EH Den Haag, Tel. +31 (0)70/427 77 30, escherinhetpaleis.nl
PANORAMA MESDAG: Zeestraat 65, 2518 AA Den Haag, Tel. +31 (0)70/310 66 65, panorama-mesdag.nl
MUSEON: Stadhouderslaan 37, 2517 HV Den Haag, Tel. +31 (0)70/338 13 55, oneplanet.nl
KUNSTMUSEUM: Stadhouderslaan 41, 2517 HV Den Haag, Tel. +31 (0)70/338 11 11, kunstmuseum.nl
FOTOMUSEUM: Stadhouderslaan 43, 2517 HV Den Haag, Tel. +31 (0)70/338 11 11, fotomuseumdenhaag.nl
MADURODAM: George Maduroplein 1, 2584 RZ Den Haag, Tel. +31 (0)70/416 24 00, madurodam.nl
KURHAUS SCHEVENINGEN: Gevers Deynootplein 30, 2586 CK Den Haag, Tel. +31(70)416 26 36, amrathkurhaus.com
SCHEVENINGER PIER: Strandweg 150–154, 2586 JW Den Haag, Tel. +31 (0)70/219 52 25, pier.nl
NIEUWE KERK: Markt 80, 2611 GW Delft, Tel. +31 (0)15/212 30 15, oudeennieuwekerkdelft.nl
VERMEER ZENTRUM: Voldersgracht 21, 2611 EV Delft, Tel. +31 (0)15/213 85 88, vermeerdelft.nl
PORZELLAN-MANUFAKTUR: Rotterdamseweg 196, 2628 AR Delft, Tel. +31 (0)15/760 08 00, museum.royaldelft.com, delft.com/de/keramikwerke

AUF EINEN BLICK

CAMPERPARK DEN HAAG

ADRESSE: Valutapad 7, 2496 ZP Den Haag, Tel. +31 (0)6/22 11 86 11, camperparkdenhaag.nl

ANFAHRT: Auf der A12 Ausfahrt Den Haag-Ypenburg/ Leidschenveen, dann geradeaus bis zum Gazelle eBike Experience Center und hier nach links. Dann beim Schwimmbad Hofbad rechts halten und kurze Zeit später auf den Valtuapad nach rechts einbiegen.

GPS: 52.056624, 4.377925

Am Schnittpunkt der Autobahnen 12 und 4 gelegener, ganzjährig geöffneter Stellplatz für Wohnmobile bis maximal acht Meter. Keine Anhänger, Vorzelte oder frei stehenden Zelte erlaubt. Maximal sechs Personen und zwei Hunde pro Platz. Einfache sanitäre Einrichtungen, kleines Lebensmittelgeschäft.

CAMPING DUINRELL

ADRESSE: Eurocamp, Duinrell 1, 2242 JP Wassenaar, Tel. +31 (0)70/515 52 55, duinrell.nl

ANFAHRT: Auf der N44 Ausfahrt Wassenaar Zuid und dann der Beschilderung Richtung Duinrell folgen.

GPS: 52.145940, 4.388956

Riesiger Ferienpark mit unter anderem Fahrgeschäften, Schwimmbad, Rutschbahnen, Restaurant, Mietbungalows und Campingplatz samt kompletter Infrastruktur. Perfekt für einen (Kurz-)Aufenthalt mit Kindern. Gute Lage zwischen Den Haag und Leiden, etwa vier Radkilometer vom Strand entfernt. Ein öffentlicher Bus in beide Städte stoppt direkt vor dem Eingang.

STRANDCAMPING ZUIDDUINEN

ADRESSE: Zuidduinseweg 1, 2225 JS Katwijk aan Zee, Tel. +31 (0)71/401 47 50, zuidduinen.com

ANFAHRT: Auf der N205 Ausfahrt Katwijk aan Zee und dann der Beschilderung zum Campingplatz folgen.

GPS: 52.193253, 4.389830

◀ Camping Duinrell ▶ Strandcamping Zuidduinen

Weitläufiger, hinter den Dünen angelegter Campingplatz, nur ein paar Gehminuten vom Strand in Katwijk aan Zee entfernt; einfache, zweckmäßige Infrastruktur. Bei der Platzwahl sollten Sie auf die Windrichtung achten!

CAMPING NOORTHEY

ADRESSE: Noortheylaan 27 a, 2263 KD Leidschendam,
Tel. +31 (0)70/205 00 20, campingnoorthey.nl
ANFAHRT: Auf der A4 Ausfahrt Leidschendam, dann Richtung Küste und nach etwa 3,5 Kilometern rechts auf die Noordsingel einbiegen. Nach gut zwei Kilometern geht es automatisch im Bogen nach rechts, dann links zum Campingplatz.
GPS: 52.105765, 4.412885
Kleiner, familiärer und ruhig gelegener Campingplatz mit circa 25 Plätzen auf Gras. Schöne, saubere Sanitäreinrichtungen. Reservierung empfohlen.

CAMPING DE KORNMOLEN

ADRESSE: Tweemanspolder 6A, 2761 ED Zevenhuizen,
Tel. +31 (0)180/63 16 54, koornmolen.nl
ANFAHRT: Auf der A20 Ausfahrt Nieuwerkerk aan den Ijssel, dann auf der N219 nach Zevenhuizen und am Nordrand des Ortes nach links der Beschilderung »Recreatiepark De Koornmolen« folgen.
GPS: 52.008481, 4.565397
Schöner, ruhiger Campingplatz mit Basis- (sechs Ampere) und Komfortplätzen (16 Ampere), Wasseranschluss und privatem Sanitärhäuschen. Gute Lage für Ausflüge nach Rotterdam, Den Haag und Leiden.

ALT & LEBENDIG

Die Universitätsstadt Leiden

Kornbrücke über dem Neuen Rhein

8

Das populäre Leiden ist eine tolle, quirlige und geschichtsträchtige City, in der – wie könnte es anders sein – die Studentenszene den Alltag beherrscht. Bereits 1575 wurde hier die erste Universität gegründet, die älteste Akademie des Landes, die sich im Laufe der Jahrhunderte zu einer der renommiertesten Hochschulen der Niederlande entwickelte. Es ist also nicht verwunderlich, dass alle Blaublütigen des niederländischen Königshauses hier studierten oder noch studieren möchten.

Zwischen Studentenkneipen, gemütlichen Cafés und Restaurants an den Grachten und am alten Rhein trifft man in Leiden überall auf Zeugen aus der Blütezeit der Stadt, die ab dem 13. Jahrhundert mit dem Handel von Wolle, vor allem aus Flandern und England, zu beträchtlichen Wohlstand gekommen ist. Die florierende Wirtschaft ist auch heute noch an vielen Gebäuden abzulesen. Wie in vielen Städten des Landes sind allerdings auch hier Parkplätze für Wohnmobile Mangelware. Am besten lassen Sie Ihres am Campingplatz stehen und nehmen den Bus oder das Rad. Von den Plätzen an der Nordseeküste (siehe Seite 89) sind es mit dem Rad rund zehn Kilometer in die Stadt, und mit dem Bus 431 ab dem Strandboulevard von Katwijk dauert es etwa 25 Minuten bis zum Hauptbahnhof in Leiden. Von dort sind es noch fünf Gehminuten ins Zentrum um den Beestenmarkt. Auf dem Weg dorthin kommen Sie direkt an der Touristeninformation vorbei, wo es Broschüren zu thematischen Stadtrundgängen gibt, zum Beispiel entlang hübscher Innenhöfe, zu den Stationen im Leben Rembrandts oder zu interessanten Bauwerken und Plätzen aus der Stadtgeschichte.

ERKUNDUNG DER ALTSTADT

Bei einem Rundgang durch die Stadt sollte die Besteigung der **Burg** natürlich nicht fehlen. Erwarten Sie aber kein Bauwerk in exponierter Lage hoch über der Stadt, wie Sie es meistens von Deutschland gewöhnt sind. Die mittelalterliche kreisrunde Burg erhebt sich vielmehr mitten in der Stadt auf einem rund zwölf Meter hohen künstlichen Hügel, wo zwei Rheinarme zusammenkommen. Der Aufstieg ist deshalb nicht schweißtreibend. Auf der circa sechs Meter hohen und bis zu 90 Zentimeter dicken Festungsmauer wurde ein Rundgang mit Ausblicken über die Stadt angelegt. Das Bollwerk ist übrigens eine der ältesten noch bestehenden Burgen des Landes.

8

Ebenfalls auf der Besichtigungsliste sollte mindestens einer der 35 **Hofjes** (Innenhöfe) stehen, die größtenteils für die Öffentlichkeit zugänglich sind und alle eine eigene Geschichte und ein individuelles Erscheinungsbild haben. Der **Jean Pesijnhofje** (Kloksteeg 21) aus dem Jahr 1655, der nach seinem Stifter Jean Pesijn benannt ist, einem aus dem französischen Lille stammenden Flüchtling, gehört zu den schönsten der Stadt. Ähnliches gilt für den **Hof Sankt Anna** von 1487 (Middelste Gracht 2–4), der auch den Beinamen »Almosenhof« hat und vom wohlhabenden Willem Claesz angelegt wurde. Zu Pfingsten finden in den Höfen unterschiedliche Veranstaltungen statt, unter anderem Konzerte, die von Jazz über Blues bis hin zu Klassik reichen.
Zu den interessantesten Bauwerken der Stadt zählen darüber hinaus das **historische Rathaus**, die **Oude Sterrewacht** (das Observatorium), die überdachte **Kornbrücke** und die **Waage**.

REMBRANDT Ein paar Schritte östlich des Neuen Rheins befindet sich das Young Rembrandt Studio. In diesem Haus aus dem 17. Jahrhundert lernte der in 1606 in Leiden geborene Rembrandt van Rijn das Malen; hier erhalten Sie einen guten Einblick in das Leben des jungen Meisters. Sein Standbild steht übrigens vor dem interessanten Völkerkundemuseum, und seine Werke aus den frühen Jahren sind im Museum De Lakenhal zu bewundern.

◀ Innenarchitektur der Waage ▶ Rembrandt-Statue vor dem Völkerkundemuseum

Blütenpracht pur: der Keukenhof

MUSEEN IN HÜLLE UND FÜLLE

Nicht nur die Studentenszene, auch die Museumslandschaft in Leiden kann als lebhaft bezeichnet werden. Nur ein paar Gehminuten südlich vom oben genannten Museum De Lakenhal befindet sich das der Medizin und Wissenschaft gewidmete **Reichsmuseum Boerhaave**. Und auch das wichtigste archäologische Museum des Landes befindet sich hier, an der wunderschönen **Gracht Rapenburg**: das **Museum voor Oudheden**. An der gleichen Gracht sind außerdem das **Japanmuseum** und der **Botanische Garten** angesiedelt, und wenn Sie bei der Nonnenbrücke in den Kloksteeg einbiegen, kommen Sie wieder direkt zum Jean-Pesijn-Hof.
Ein besonders interessanter Ort für Groß und Klein ist das hervorragende Naturkundemuseum **Naturalis Biodiversity Center**, das bis weit über die Stadtgrenzen hinaus bekannt ist. Im **Mühlenmuseum De Valk** kann man einen Blick in den Alltag eines Müllners werfen. Die **Mühle De Put** am Galgewater ist zwar in der Regel nur samstags offen, allerdings zusammen mit der Rembrandt-Brücke ein sehr beliebtes Fotomotiv. Das sind längst noch nicht alle Sehenswürdigkeiten, die Leiden zu bieten hat, die Auflistung und Beschreibung aller weiteren würde aber den Rahmen dieses Buches bei Weitem sprengen.

TULPEN Ein gepflegter Park, der Mitte des 19. Jahrhunderts als Ziergarten für Schloss Keukenhof angelegt wurde, ist heute Schauplatz einer der größten und spektakulärsten Blumenschauen in Europa. Jedes Jahr von etwa Mitte März bis Mitte Mai blühen in der circa 32 Hektar großen Anlage unzählige Blumen, vor allem Tulpen.

Strandpavillion in Noordwijk

FREIZEITVERGNÜGEN RUND UM LEIDEN

Das Wasser der Nordsee hat zwar nicht immer angenehme Temperaturen, und der Wind kann ebenfalls zum Spielverderber werden, trotzdem sind die populären Badeorte **Katwijk** und **Noordwijk** immer gut besucht. Schicke Loungebars mit Strandterrassen wechseln sich mit Restaurants und Kneipen am Sandstrand und an der Promenade ab. Außer Baden, Entspannen und kulinarische Genüsse kann man an der Küste kurze Wanderungen in der Dünenlandschaft ebenso unternehmen wie ausgedehnte Radtouren. Südlich von Katwijk führen Radwege durch das **Naturschutzgebiet Meijendel** bis nach Den Haag und Scheveningen (siehe Seite 72 ff.). In Richtung Norden erreichen Sie mit dem Rad **Noordwijk**, mit etwas Ausdauer auch das populäre **Zandvoort**, wo sich die Formel-1-Rennstrecke befindet. Nördlich davon erstreckt sich das Wassergewinnungs- und Wassersäuberungsgebiet **Amsterdamse Waterleidingduinen**, in dem es ebenfalls gut ausgebaute Radwege gibt.

8

LEUCHTTURM VON KATWIJK Wer hoch hinaus will, kann den 1628 errichteten Leuchtturm von Katwijk besteigen. Zwar ist er mit 14 Meter Höhe nicht gerade ein Riesenexemplar, fällt aber durch seine viereckige Form auf, und die Aussicht auf die Stadt und die Nordsee ist grandios!

Tipp

Im ersten Jahrzehnt des 21. Jahrhunderts brach in den Niederlanden das Weltraumfieber aus. André Kuipers flog 2004 ins All und folgte damit dem ersten niederländischen Astronauten Wubbo Ockels, der bereits Mitte der 1980er-Jahre diese Reise gemacht hatte. Das Interesse an der Raumfahrt war geweckt. Nicht lange danach öffnete das Space Expo Center auf dem Gelände des europäischen Weltraumforschungs- und Technologiezentrums, kurz ESTEC, in Noordwijk seine Türen. Ein simulierter Raketenstart, Satellitenmodelle, die Mondlandung der Amerikaner und Einblicke in das Leben der Astronauten in einer Weltraumstation sind nur einige Themen dieser beeindruckenden permanenten Ausstellung über die europäische Raumfahrt. Das Space Expo Center ist übrigens bestens auf Kinderbesuch eingestellt.

Space Expo Center

AUF EINEN BLICK

Info

STADT/REGION: Leiden, Zuid-Holland
BESTE REISEZEIT: Ganzjährig
OPTIMALE REISEDAUER: 2–3 Tage
TOURISTINFOS: Leiden: Stationsweg 26, 2312 AV Leiden, Tel. +31 (0)71/516 60 00, visitleiden.nl/de; Noordwijk: Hoofdstraat 129, 2202 EX Noordwijk, Tel. +31 (0)71/361 93 21, noordwijk.info/de/noordwijk-entdecken; Katwijk aan Zee: Koningin Wilhelminastraat 14, 2225 BA Katwijk aan Zee, Tel. +31 (0)71/407 54 44, vvvkatwijk.nl/de

SEHENSWÜRDIGKEITEN

BURG: Burgsteeg, 2312 JR Leiden, Tel. +31 (0)71/512 16 88
OUDE STERREWACHT (OBSERVATORIUM): Sterrenwachtlaan 11, 2311 GP Leiden, oudesterrewacht.nl
YOUNG REMBRANDT STUDIO: Langebrug 89, 2311 TJ Leiden, Tel. +31 (0)71/516 60 00, leiden.nl/jongeRembrandt
VÖLKERKUNDEMUSEUM: Steenstraat 1, 2312 BS Leiden, Tel. +31 (0)88/004 28 00, volkenkunde.nl
MUSEUM DE LAKHAL: Oude Singel 32, 2312 RA Leiden, Tel. +31 (0)71/516 53 60, lakenhal.nl
MUSEUM VAN OUDHEDEN: Rapenburg 28, 2311 EW Leiden, Tel. +31 (0)71/516 31 63, rmo.nl
NATURALIS: Darwinweg 2, 2333 CR Leiden, Tel. +31 (0)71/751 96 00, naturalis.nl
MÜHLENMUSEUM DE VALK: 2e Binnenvestgracht 1, 2312 BZ Leiden, Tel. +31 (0)71/516 53 53, molenmuseumdevalk.nl
BOTANISCHER GARTEN: Rapenburg 73, 2311 GJ Leiden, Tel. +31 (0)71/527 51 44, hortusleiden.nl
KEUKENHOF: Stationsweg 166A, 2161 AM Lisse, keukenhof.nl
SPACE EXPO CENTER: Keplerlaan 3, 2201 AZ Noordwijk, Tel. +31 (0)71/200 14 00, space-expo.nl
LEUCHTTURM KATWIJK: Vuurbaakplein, 2225 HZ Katwijk aan Zee, Tel. +31 (0)71/401 30 47, katwijksmuseum.nl/nl/vuurbaak-van-katwijk-1605

◀ Camping Hoop van Zegen ▶ Camping De hof van Eeden

CAMPING OP HOOP VAN ZEGEN

ADRESSE: Westeinde 76, 2211 XR Noordwijkerhout, Tel. +31 (0)252/37 54 91, campingophoopvanzegen.nl

ANFAHRT: Auf der N205 Ausfahrt Noordwijkerhout-Zuid und dann bis zum NH Hotel Noordwijk, wo es links zum Campingplatz geht.

GPS: 52.248804, 4.464169

Etwa 13 Kilometer nördlich von Leiden gelegener Campingplatz in ruhiger Lage mit sehr guter Infrastruktur. Empfehlenswert, wenn Sie nicht in Strandnähe stehen möchten. Viele Wohnmobilisten aus dem In- und Ausland nutzen diesen schönen Platz.

CAMPING DE HOF VAN EEDEN

ADRESSE: Hellegatspolder 2, 2361 NA Warmond, Tel. +31 (0)252/21 25 73 und +31 (0)6/22 54 61 46, dehofvaneeden.nl

ANFAHRT: Auf der N205 Ausfahrt Noordwijkerhout, dann Richtung Ort und beim ersten Verkehrskreis nach rechts, dann gleich nach links bis zur T-Kreuzung fahren. Danach gibt es ein Beschilderung zum Campingplatz.

GPS: 52.221712, 4.554025

Schöner, preiswerter Campingplatz neben einem Bauernhof mit zehn Stellplätzen für Wohnmobile. 16 Ampere Strom und gratis Wi-Fi. Leider wird die Idylle oft durch Verkehrslärm (Flugzeuge!) etwas getrübt.

ALTERNATIVE CAMPINGPLÄTZE

Gute Alternativen sind:

STRANDCAMPING ZUIDDUINEN, zuidduinen.com (siehe Seite 80)

CAMPING NOORTHEY, campingnoorthey.nl

CAMPING VLIETLAND mit 60 Plätzen direkt am Wasser, Badestrand, Bootsvermietung, Kinderspielplatz und Kletterwand, campingvlietland.nl

CAMPING STOCHEMHOEVE, nur für Camper bis max. 5,5 Meter zugelassen.

CHARMANTE CITY

Haarlem – das kleine Amsterdam

Sint Bavokerk im Herzen von Haarlem

Auf den ersten Blick erscheint Haarlem wie Amsterdam im Kleinformat. Für viele Bewohner ist die Provinzhauptstadt von Noord-Holland der niederländischen Hauptstadt auch sehr ähnlich, nur eben etwas kompakter und weniger touristisch, aber mit viel Charme und Lebendigkeit. Die hübschen Grachten, renommierten Museen, verträumten Innenhöfe und gemütlichen Ecken und Plätze halten dem Vergleich durchaus stand. »Warum also nach Amsterdam, wenn wir doch Haarlem haben?«, so die fast einheitliche Meinung der Städter.

Der Marktplatz ist Dreh- und Angelpunkt der Stadt. Hier pulsiert das soziale Leben, hier in den Terrassencafés beherrscht das Sehen und Gesehenwerden den Alltag, und von hier startet man am besten auch eine Stadtbesichtigung durch die verwinkelte Stege und Gassen, vorbei an historischen Häusern, gepflegten Gärten und versteckten Höfen, bevor zum Abschluss der Besichtigung bei einer Bootsrundfahrt auf den Grachten noch letzte Eindrücke mitgenommen werden.
Vom Wohnmobilstellplatz und den Campingplätzen in Zandvoort sind es etwa neun Kilometer mit dem Rad in den historischen Kern von Haarlem. Mit den regelmäßig verkehrenden Bussen benötigen Sie etwa 35 Minuten. Oder Sie parken für ein paar Euro das Wohnmobil am Ufer der Spaarne am Rande der Altstadt.

ALTSTADT-TOUR

Gleich am Marktplatz, natürlich auch unserem Ausgangspunkt, gibt es bereits einige Highlights zu entdecken, die Zeit in Anspruch nehmen. Neben dem **historischen Rathaus** aus dem 14. Jahrhundert, in dessen Keller sich das Museum der Stadtgeschichte befindet, und der ehemaligen **Vleeshal** (Fleischhalle), einer Dependance des renommierten Frans-Hals-Museums, ist es vor allem die zwischen 1370 und 1520 errichtete spätgotische **Sint Bavokerk**, an der Sie keineswegs vorbeigehen sollten. Die dreischiffige Kirche wird im Alltag wegen ihrer Abmessungen – 108 Meter lang, zwischen 31 und 47 Meter breit, der Turm misst 76 Meter – einfach nur »Grote Kerk« (Große Kirche) genannt. Der Sakralbau ist heute ein Kulturdenkmal und beherbergt das Grab des Malers Frans Hals. Der Kirchturm kann bestiegen werden und legt Ihnen »Klein-Amsterdam« zu Füßen.

9

Nördlich vom Marktplatz, in der Barteljorisstraatv19, befindet sich das ehemalige Wohnhaus der Familie **Ten Boom**, das im Zweiten Weltkrieg als Versteck für Juden diente. Mit Führung kann das heute als Museum eingerichtete Haus besucht werden. Ein paar Schritte weiter in der Kruisstraat kann man durch das Gitter einen Blick in den Garten des **Hofje van Oorschot** werfen, einen halben Kilometer nördlicher trifft man auf die **Centraal Station** (den Hauptbahnhof) im Stil des Art Nouveau, der auch als Kulisse für den Holywoodfilm »Oceans Twelve« mit Brad Pitt und George Clooney diente. Südlich des Marktplatzes sind noch die Viertel **Botermarkt** und **De Vijfhoek** mit ihren gemütlichen Kneipen, Cafés und kleinen Läden lohnenswert.

DIE UMLIEGENDEN VIERTEL

Etwas außerhalb der Altstadt erhebt sich die **Kuppelkirche**, ein außergewöhnlicher Sakralbau, der architektonisch betrachtet zu den größten Kirchenbauten des 19. und 20. Jahrhunderts zählt und oft in einem Atemzug mit Westminister Cathedral in London, Sacré Coeur in Paris und der Sagrada Familia in Barcelona erwähnt wird. Rund 50 renommierte Künstler aus dem In- und Ausland haben an der Kuppelkirche ihre Spuren hinterlassen.

◀ Frans-Hals-Museum ▶ De Hallen

Mühle de Adriaan an der Spaarne

FRANS-HALS-MUSEUM Das Frans-Hals-Museum ist vermutlich das interessanteste Museum in Haarlem. Würde der Maler heute leben und als Fotograf arbeiten, wäre er sicher einer der besten Porträtfotografen der Welt. Der in Antwerpen geborene Frans Hals (ca. 1580–1666) galt zu seinen Lebzeiten als einer der besten Porträtmaler des damaligen Europa, berühmt für die äußerst treffenden Charakterisierung und Lebendigkeit der Porträtierten. Etwa 220 Gemälde werden Hals zugeschrieben. Viele davon hängen in den bedeutendsten Museen der Niederlande, einige davon auch hier.

AM UFER DER SPAARNE

Die Spaarne ist ein kleiner, aber für die Provinz Noord-Holland wichtiger Fluss – schlichtweg eine Lebensader der Wirtschaft und des Freizeitbereichs sowie ein Bindeglied im ausgebreiteten Wasserwegenetzwerk der Niederlande. Blickfänger nahe der Altstadt ist die Mühle de Adriaan, eine Turmmühle, in der Sie viel über die Geschichte dieser und anderer niederländischer Mühlen erfahren können. Vom Turm der Mühle aus hat man übrigens einen spektakulären Blick auf die Altstadt.
Entlang der Spaarne befinden sich gut ausgebaute Radwege, an denen man die Gegend vom Sattel aus erkunden kann. Hübsch ist zum Beispiel das rund 4000 Einwohner zählende Dörfchen Spaarndam an der Flussmündung, interessant das Gemaal Cruquius, das seit 1933 nicht mehr in

Rennstrecke von Zandvoort

Betrieb ist. Es ist heute eine der Topattraktionen an der Spaarne, sowohl wegen seiner Architektur als auch wegen der Tatsache, dass es sich hier um die größte Dampfmaschine der Welt handelt. Das Gemaal war eines der drei Pumpwerke, die Mitte des 19. Jahrhunderts angelegt wurden. Mit Hilfe der drei Pumpwerke und der Spaarne wurde das Haarlemmermeer, mit 17 000 Hektar damals der größte See in den Niederlanden, trocken gelegt. Heute befindet sich dort unter anderem der Flughafen Schiphol.

TEYLERS MUSEUM Aus der Haarlemer Museumslandschaft ragt noch ein zweites heraus: das Teylers Museum an der Spaarne, das älteste Museum des Landes (gegründet im 18. Jahrhundert) mit historischen Dauer- und modernen Wechselausstellungen zu Natur, Kunst und Technik. Bemerkenswert ist zudem, dass das Gebäude selbst seit seiner Eröffnung nicht verändert wurde und einen direkt in alte Zeiten versetzt.

JOPENKERK Dass die Niederlande in einigen Bereichen anders sind als der Rest Europas, zeigt sich in Haarlem uner anderem in der Jopenkerk. Im ehemals religiösen Bau hat eine kleine Bierbrauerei ihre Pforten geöffnet. Neben 20 Biersorten werden kleine Häppchen für zwischendurch ebenso angeboten wie richtige Mahlzeiten, und das täglich bis 22 Uhr.

VERGNÜGUNGEN AN DER KÜSTE

Fans von Autorennen, vor allem Formel-1-Liebhaber, kommen in **Zandvoort** voll auf ihre Kosten. An der Rennstrecke gibt es ein Museum, und wer möchte, kann sogar einen schnellen Bolide mieten, entweder mit einem professionellen Fahrer oder um sich selbst hinters Steuer zu setzen und ein paar Runden zu drehen. Billig ist dieser Spaß allerdings nicht.

Etwa drei Kilometer nördlich von Zandvoort liegt **Bloemendaal aan Zee.** Es ist kein echter Badeort, sondern eine Ansammlung von trendigen Strandrestaurants und Loungebars, weshalb der Küstenabschnitt auch als »niederländisches Ibiza« bezeichnet wird. Es liegt am Ende des Strandboulevards und gehört zur teils mondänen Gemeinde Bloemendaal, ein paar Kilometer landeinwärts am Nordwestrand von Haarlem.

FÜR NATURBEGEISTERTE

Ein wunderbares Ziel für Wanderer und Radfahrer ist der **Nationalpark Zuid-Kennemerland**. Sanddünen, so weit das Auge reicht, kennzeichnen den 38 Quadratkilometer großen Nationalpark, der sich westlich von Haarlem zwischen IJmuiden, Zandvoort und der Nordseeküste erstreckt. Das Gebiet ist seit 1995 als Nationalpark ausgewiesen und dient vorwiegend als Wasserreservoir für Städte der Provinzen Noord- und Zuid-Holland. Rad- und Wanderwege machen den Park zugänglich. In den Dünen bei Overeen befindet sich das Besucherzentrum, wo es auch für Wohnmobile einen großen Parkplatz gibt.

◀ Jopenkerk ▶ Nationalpark Zuid-Kennemerland

Prächtiges Naturschutzgebiet: die Amsterdamse Waterleidingduinen

Tipp

Südlich von Zandvoort erstrecken sich entlang der Küste die Amsterdamse Waterleidingduinen, ein einzigartiges, streng geschütztes Gebiet, in dem Trinkwasser für die niederländische Hauptstadt durch Säuberung von Flusswasser gewonnen wird. Trotzdem können auf angelegten Pfaden kleinere Wanderungen unternommen werden. Hier gibt es unter anderem Pflanzen zu bewundern, die nur hier wachsen. Zwischen den Sträuchern, Dünengräsern und Bäumen tummeln sich Füchse, Kaninchen, Eichhörnchen und schottische Hochlandrinder sowie rund 100 Vogelarten. Hauptattraktion sind die Dammhirsche während der Brunftzeit im Oktober, wo sogenannte Hirschwanderungen vom Tourismusbüro organisiert werden. Im Gebiet ist Radfahren verboten, jedoch läuft um das Gebiet herum ein guter Radweg.

An ein dunkles Kapitel in der Geschichte erinnern die **Bunker aus dem Zweiten Weltkrieg**, die einst Teil des rund 6000 Kilometer langen Atlantikwalls waren, einer Verteidigungslinie der Deutschen Wehrmacht.

AUF EINEN BLICK

Info

STADT/REGION: Haarlem, Provinz Noord-Holland
BESTE REISEZEIT: Ganzjährig
OPTIMALE REISEDAUER: 2–3 Tage
TOURISTINFOS: Haarlem: Grote Markt 2, 2011 RD Haarlem, Tel. +31 (0)23/531 73 25, visithaarlem.com; Zandvoort: Swaluestraat 1, 2042 KA Zandvoort, Tel. +31 (0)23/571 79 47, visitzandvoort.de

SEHENSWÜRDIGKEITEN

HISTORISCHES RATHAUS: Grote Markt 2, 2011 RD Haarlem, Tel. +31 (0)23/140 23, haarlem.nl
FLEISCHHALLE: Grote Markt 16, 2011 RD Haarlem, Tel. +31 (0)23/511 57 75, franshalsmuseum.nl
GROTE KERK: Grote Markt 22, 2011 RD Haarlem, Tel. +31 (0)23/553 20 40, bavo.nl
MUSEUM TEN BOOM: Barteljorisstraat 19, 2011 RA Haarlem, Tel. +31 (0)23/531 08 23, corrietenboom.com
FRANS-HALS-MUSEUM: Groot Heiligland 62, 2011 ES Haarlem, Tel. +31 (0)23/511 57 75, franshalsmuseum.nl
MUSEUM HAARLEM: Groot Heiligland 47, 2011 EP Haarlem, Tel. +31 (0)23/542 24 27, verweymuseumhaarlem.nl
TEYLERS MUSEUM: Damstraat 21, 2011 HA Haarlem, Tel. +31 (0)23/516 09 60, teylersmuseum.nl
JOPENKERK: Gedempte Voldersgracht 2, 2011 WD Haarlem, Tel. +31 (0)23/533 41 14, jopenkerk.nl
MÜHLE DE ADRIAAN: Papentorenvest 1A, 2011 AV Haarlem, Tel. +31 (0)23/545 02 59, molenadriaan.nl
GEMAAL CRUQUIUS: Cruquiusdijk 27, 2142 ER Cruquius, Tel. +31 (0)23/528 57 04, haarlemmermeermuseum.nl
RENNSTRECKE ZANDVOORT: Burgemeester van Alphenstraat 108, 2041 KP Zandvoort, circuitzandvoort.nl
NATIONALPARK ZUID-KENNEMERLAND: Besucherzentrum, Zeeweg 12, 2051 EC Overveen, Tel. +31 (0)23/541 11 23, np.zuidkennermerland.nl

AUF EINEN BLICK

WOHNMOBILSTELLPLATZ ZANDVOORT

ADRESSE: Boulevard Barnaart, 2041 JA Zandvoort,
ANFAHRT: Auf der N200, die direkt am Wohnmobilstellplatz vorbeiführt.
GPS: 52.387061, 4.534585

Ganzjährig geöffneter Wohnmobilstellplatz für rund 25 Camper direkt am Strandboulevard, eingebunden in einen lang gezogenen Parkplatz. Keine Infrastruktur! Anmelden im gegenüberliegenden Camping De Duinrand (siehe unten)!

CAMPING DE DUINRAND

ADRESSE: Boulevard Barnaart 68, 2041 JA Zandvoort, Tel. +31 (0)6/50 21 45 27, campingdeduinrand.nl
ANFAHRT: Auf der N200, die direkt am Wohnmobilstellplatz vorbeiführt.
GPS: 52.388921, 4.535993

Maximal drei Übernachtungen, offenes Feuer oder Grillen vor dem Camper ist nicht gestattet. Ruhezeit zwischen 22 und 8 Uhr, Abreise vor 11 Uhr. An Wochenenden durch Autorennen oft sehr laut.

CAMPING DE LAKENS

ADRESSE: Zeeweg 60, 2051 EC Overveen, Tel. +31 (0)23/541 15 70, campingdelakens.nl

◀ Zandvoorter Strand ▶ Wohnmobilstellplatz Zandvoort

Dünencamping in Bloemendaal

ANFAHRT: Die Einfahrt zum Campingplatz liegt direkt an der Zufahrtsstraße, der N200 nach Zandvoort.
GPS: 52.404190, 4.551877
Sehr großer und teurer, aber traumhaft gelegener Campingplatz in den Dünen, nur einen Steinwurf vom Badestrand entfernt. Sehr gute Infrastruktur und sehr beliebt in der Ferienzeit. Eine Reservierung in den Sommermonaten ist deshalb unbedingt notwendig.

CAMPING BLOEMENDAAL

ADRESSE: Zeeweg 72, 2051 EC Overveen, Tel. +31 (0)23/573 21 78, campingbloemendaal.nl
ANFAHRT: Die Einfahrt zum Campingplatz liegt direkt an der Zufahrtsstraße, der N200 nach Zandvoort.
GPS: 52.40278, 4.560555
Sehr gute Alternative zum Wohnmobilstellplatz am Boulevard in Zandvoort. Schöner Campingplatz mit circa 50 Stellplätzen, teils auf Rasen, größtenteils auf festem Untergrund. Circa 1,5 Kilometer vom Strand entfernt. Zweckmäßige, aber komplette Infrastruktur.

ALTERNATIVE CAMPINGPLÄTZE

CAMPERPARK N205, Driemerenweg, Floriadepark, 2141 ZZ Vijfhuizen, **GPS:** 52.344553, 4.683187. An der Landesstraße 205 zwischen Haarlem (circa zehn Minuten mit dem Bus), dem Keukenhof (circa zehn Minuten) und Amsterdam (circa zehn Minuten) gelegen.

ARCHITEKTUR-JUWEL

Die Hauptstadt Amsterdam

Beliebtes Fotomotiv: die Magere brug

10

Wie ein Hufeisen legt sich das UNESCO-Welterbe Grachtengürtel aus dem 17. Jahrhundert – Singel, Heren-, Keizer- und Prinsengracht – um den historischen Kern der niederländischen Hauptstadt. Treppen-, Hals-, Glocken- und Leistengiebel zieren die ehemaligen Lager- und monumentalen Kaufmannshäuser beidseits der Grachten. Und je breiter die Häuserfront an der Gracht, desto reicher waren die Besitzer. Die eindrucksvollsten Häuser befinden sich im sogenannten »Goldenen Bogen« an der Herengracht und zeugen vom einstigen Wohlstand der niederländischen Kaufleute.

Ein Bummel durch die Altstadt von Amsterdam gleicht einem Spaziergang durch ein Freilichtmuseum. Auch wenn man die Stadt bereits (mehrmals) besucht hat, gibt es immer wieder Ecken, die überraschen, gibt es Neues zu entdecken, zu bestaunen, ist immer etwas los … und das rund um die Uhr. Denn Amsterdam ist eine Stadt, die niemals schläft: weltoffen, multikulturell, bunt, schrill und ein bisschen verrückt.

DER BESTE WEG INS ZENTRUM

Mit dem Wohnmobil – und sei es auch noch so klein – sollten Sie keinesfalls ins Stadtzentrum fahren. Parkplätze für Wohnmobile sind sowieso dünn gesät, darüber hinaus sind Parkplätze generell sehr teuer! Falls Sie trotzdem mit Ihrem Gefährt nach Amsterdam möchten bzw. müssen, parken Sie es am besten auf den Parkplätzen P+R Zeeburg 2 und 3 nahe der Autobahn 10, Ausfahrt Zeeburg. Bei beiden Plätzen hält die Straßenbahn 26, die direkt ins Zentrum zur Centraal Station (Hauptbahnhof) fährt. Vom Camping Vliegenbos (siehe Seite 111) sind es rund zehn Gehminuten zur U-Bahn-Station Noorderpark, von wo aus Sie regelmäßig und schnell zum Hauptbahnhof gelangen. Eine vergleichbare Entfernung zur U-Bahn-Station Gaasperplas haben Sie auch vom Campingplatz Gaasper am Ostrand von Amsterdam. Ab der Station gibt es ebenfalls eine U-Bahn direkt zum Hauptbahnhof. Und vom Campingplatz Zeeburg sind es rund zwölf Gehminuten zur Straßenbahn-Haltestelle Flevopark.
Natürlich können Sie auch mit dem Rad ins Zentrum gelangen, allerdings sind die Radweg stark frequentiert, das Fahrverhalten gewöhnungsbedürftig, und auch Mopeds mit blauem Kennzeichen dürfen die Radwege

nutzen. Wer überlegt, sein Rad zu nehmen, sollte zudem bedenken, das abgestellte Rad nicht aus den Augen zu verlieren. Der Diebstahl von Rädern ist leider eher die Regel als die Ausnahme. Am besten nehmen Sie ein öffentliches Verkehrsmittel, das spart Nerven. Und achten Sie auf Ihre Wertsachen – auch Taschendiebe lauern überall!

DIE HIGHLIGHTS DER ALTSTADT

Das historische Zentrum von Amsterdam ist zu Fuß gut zu erkunden. Planen Sie für einen kleinen Bummel durch die Stadt aber mindestens einen ganzen Tag ein und für eine ausgedehnte Stadtbesichtigung einschließlich der berühmtesten Museen mindestens drei Tage.
Der **Hauptbahnhof** bildet den idealen Startpunkt für eine Entdeckungstour durch Amsterdam, da er auch Knotenpunkt im öffentlichen Stadtverkehr ist und sich hier die Touristeninformation befindet. Südöstlich des Hauptbahnhofes mündet die Amstel in den IJ-Kanal. Hier liegen die Wurzeln der Stadt, als im 13. Jahrhundert ein Damm zum Schutz zweier Siedlungen errichtet wurde, die heute als Vierteln Oude Zijde und Nieuwe Zijde bekannt sind. Der **Schreierstoren**, ein runder Turm, in dem sich ein Café befindet, hinter der wuchtigen **Sankt-Nikolaus-Kirche** markiert ungefähr die Keimzelle.

Interaktives Kindermuseum NEMO

◀ Rotlichtviertel ▶ Alte Börse (Beurs van Berlage) am Damrak

Gegenüber dem Turm befindet sich der alte Hafen, östlich davon liegen das Oosterdok mit dem fotogenen chinesischen Restaurantschiff **Sea Palace**, der einstige Wachturm **Montelbaanstoren** und die architektonisch sehenswerte öffentliche **Bibliothek** mit einem Selbstbedienungsrestaurant samt Außenterrasse im obersten Stockwerk – ein herrlicher Ausblick ist garantiert. Ein paar Schritte weiter östlich thront in Form eines Schiffsbugs das interaktive Kindermuseum **NEMO**, das moderne Architekturmuseum **ACRAM** und das **Schifffahrtsmuseum** mit einem originalgetreuen Nachbau des Schiffes Amsterdam.

NEMO Wenn Kinder mit an Bord sind, sollten Sie NEMO keinesfalls auslassen. Planen Sie dafür aber mindestens einen halben Tag ein, denn es gibt für die Kleinen vor allem in den Bereichen Natur und Technik sehr viel zu entdecken und auszuprobieren. Und im Café auf dem Dach mit gemütlicher Terrasse können sich die Eltern in der Zwischenzeit entspannen.

Mit dem Hauptbahnhof im Rücken geht es geradeaus über dem Damrak vorbei an der einstigen **Beurs van Berlage** zum **Dam**, dem zentralen Platz in der Altstadt mit auffallendem **Obelisken**, früher ein Treffpunkt der Hippies. Am Dam stehen auch das **Wachsfigurenkabinett Madame Tussauds**, die **Nieuwe Kerk** (Neue Kirche) und der **Königliche Palast**, wo sich beidseits und dahinter das Viertel Nieuwe Zijde ausbreitet. Hier finden Sie zahlreiche Einkaufsstraßen, unter anderem die Kalverstraat und die Negen Steegjes. Rechts vom Hotel Krasnapolski führt die Straße direkt ins Viertel Oude Zijde mit dem berühmt-berüchtigten **Red Light Distrikt**, wo Prostituierte sich hinter Glasfenster anbieten. Im Gegensatz zur Herbertstraße in Hamburg dürfen alle Altersstufen hier durchbummeln, nur das Fotografieren der leicht bekleideten Damen ist verboten!

◀ Café an der Amstel ▶ Begijnhof im Zentrum der Stadt

MUSEUM DER PROSTITUTION Falls Sie einmal selbst das Gefühl erfahren möchten, bestaunt zu werden, besuchen Sie am besten das Museum der Prostitution, wo Sie in einem Stuhl hinter Glas Platz nehmen können.

Im Viertel Oude Zijde finden Sie unter anderem die heute meist als Ausstellungsort genutzte **Oude Kerk**, das kleine **Chinatown** mit dem buddhistischen **Tempel He Hua**, die Geheimkirche **Ons' Lieve Heer op Solder** und die historische **Waag** auf dem Nieuwmarkt, wo sich ein Restaurant einquartiert hat. Ein paar Gehminuten südlich der Waage befinden sich die **Zuiderkerk**, deren Turm man besteigen kann, das **Rembrandthaus**, in dem der berühmte Maler wohnte und arbeite, und der Trödelmarkt auf dem **Waterlooplein**. Ab hier geht es weiter zum **Museum Hermitage** an der Amstel und zu den am meisten fotografierten Amstelbrücken der Stadt: der **Blauwbrug** und der **Magere Brug.**

Tipp

Darf es zum Essen mal was anderes sein? Etwas Exotisches, nicht Alltägliches? Amsterdam ist kulinarisch ein Schmelztiegel. Über 100 Küchen aus der ganzen Welt treffen hier aufeinander und verwöhnen mit ihren landestypischen Spezialitäten. Wie wäre es zum Beispiel mit einer indonesischen Reistafel – übrigens eine Erfindung der Niederländer? Oder mit dem äthiopischen Gericht Injera, einem Sauerteig-Fladenbrot mit verschiedenen vegetarischen oder fleischhaltigen »Wots« (Soßen). Oder vielleicht Pachamanca? Das aus den Anden stammende Eintopfgericht vereint verschiedene Kräuter, Gemüse- und Fleischsorten mit der Basis der lateinamerikanischen Küche: Mais, Kartoffeln oder Yucca. Wo es was zu essen gibt, finden Sie unter anderem im Internet unter iamsterdam.com/en/see-and-do/eating-and-drinking.

10

KNOTENPUNKT MUNTPLEIN

Vom Dam geht es geradeaus am Wachsfigurenkabinett vorbei auf dem Rokin zum Muntplein. Unterwegs zweigt der Spui nach rechts zum mittelalterlichen **Begijnhof** ab, einem Innenhof, der seit jeher nur von Frauen (zuallererst von Nonnen) bewohnt wird. Vom Begijnhof gelangen Sie direkt zum **Historischen Museum** der Stadt mit gratis zugänglicher Schützengalerie.

Am Muntplein (»Plein« steht für »Platz«) erhebt sich der **Münzturm**; dort beginnt auch der **Blumenmarkt**, und gegenüber diesem geht es zum **Rembrandtplein**, einem der Ausgehviertel der Stadt. Am anderen Ende des Blumenmarktes führt nach links die Leidsestraat zum **Leidseplein**, ein weiteres Ausgehviertel Amsterdams. Auf dem Weg dorthin überqueren Sie alle Grachten und haben dabei immer freie Sicht auf die monumentalen Grachtenhäuser auf beiden Seiten der Brücken.

Amsterdam feiert den Geburtstag des Königs auf der Prinsengracht

10

IM MUSEUMSVIERTEL

Von dort sind es nur noch wenige Gehminuten ins Museumsviertel um den Museumplein. Hier stehen die großen Häuser wie das **Rijksmuseum** (Reichsmuseum) das **Van-Gogh-Museum** und das **Stedelijk Museum** (Städtische Museum) mit zeitgenössischer Kunst und modernem Design renommierter Künstler aus der ganzen Welt. Das Stedelijk wird im Alltag wegen seiner Form auch liebevoll die »Badewanne« genannt. Am Museumplein treffen Sie außerdem auf das Kunstmuseum **Moco**, das **Diamantenmuseum** und das **House of Bols**, in dem der berühmte Likör und Cocktails im Zentrum stehen.

RIJKSMUSEUM Ein Besuch des Reichsmuseums lohnt sich schon allein wegen seiner Innenarchitektur. An den Wänden des riesigen Hauses hängen außerdem die Meisterwerke der großen niederländischen Maler aus dem 17. Jahrhundert, die das Land auf die Weltkarte der Malerei gesetzt haben: Gemälde von Rembrandt, Johannes Vermeer, Jan Steen oder Pieter Claesz.

Publikumsmagnet: das Van-Gogh-Museum

◀ Historisches Reichsmuseum ▶ Hypermodernes Filmuseum

Tipp

Eine gute Gelegenheit, um die meisten der Museen gratis zu besuchen, bietet die Nacht der Museen, die in der Regel im November stattfindet. Informationen dazu sind unter museumnacht.amsterdam/over-stichting-n8 nachzulesen, Wissenswertes zu anderen Museen und Galerien unter iamsterdam.com/de/sehen-und-erleben/museen-und-galerien.

Amsterdam hat weit über 50 Museen, für fast jedes Interesse ist etwas dabei. Im **Allard-Pierson-Museum** etwa gibt es unter anderem ägyptische Mumien, antike griechische sowie römische Töpferkunst. Die Werke national und international bekannter Fotografen hängen im Fotomuseum **FOAM**, während das Filmmuseum **EYE** wiederum bewegte Bilder berühmter Regisseure und Altmeister präsentiert. Kunst aus den ehemaligen Kolonien ist im **Tropenmuseum** zu bestaunen, hautnahe Atmosphäre im **Hausboot-Museum**. Von der dunklen Seite der jüngeren Geschichte zeugen das **Anne-Frank-Haus** und das **Jüdische Museum**. Das **Katzenkabinett** zeigt das beliebte Haustier in allen Größen und Züchtungen. Und wenn Sie einmal einen Blick in ein Grachtenhaus werfen wollen, können Sie das unter anderem in den Museen **Van Loon** und **Willet-Holtuysen**.

Tipp

Bunt, verrückt, ausgelassen … so wird in Amsterdam gefeiert. Höhepunkt aller Feste ist der 27. April jedes Jahres. An diesem Tag ist fast alles erlaubt und Orange die dominante Farbe, denn Amsterdam feiert den Geburtstag des Königs. Die Innenstadt verändert sich in eine große Partymeile. Auf der Prinsengracht schaukeln Boote unter den Füßen tanzender Menschen, durch die Straßen ziehen Musikbands, und am Straßenrand wird verkauft, was zu Hause nicht mehr gebraucht wird. Nach Einbruch der Dunkelheit ist der Trubel vorbei. Eine Übersicht über die monatlichen Veranstaltungen gibt es auf iamsterdam.com.

Die Schaukel auf dem Amsterdamer Lookout

AMSTERDAM VON OBEN

Hinter dem Hauptbahnhof liegt der Stadtteil Noord, der mit einer kostenlosen Fähre fast im Minutentakt zu erreichen ist. Die Überfahrt dauert nur ein paar Minuten. Hier finden Sie unter anderem das markante Filmmuseum EYE und den einstigen Shell-Büroturm, der heute als **Amsterdam Lookout** vermarktet wird. Mit einem Lift gelangen Sie hinauf zur Aussichtsplattform, von wo aus Sie einen atemberaubenden Blick über die Stadt haben. Ein Restaurant mit Ausblick ist ebenfalls vorhanden. Doch die eigentlich Attraktion in luftiger Höhe ist **Over the Edge**, eine Schaukel in schwindelerregender Höhe, bei der man – wie der Name bereits sagt – über den Rand des Büroturms hinausschaukelt – definitiv nichts für schwache Nerven.

ERHOLUNG VOM GROSSSTADTTRUBEL

Wer sich eher nach Ruhe sehnt, kann den **Botanischen Garten,** den **Zoo Artis** oder den **Vondelpark** besuchen, eine grüne Oase der Ruhe inmitten der lebendigen niederländischen Hauptstadt.
Ein schöne Alternative ist zudem ein Ausflug zu einem der schönsten Dörfer in der Umgebung von Amsterdam – nach **Muiden**. Früher pendelte eine Straßenbahn dorthin, die leider ihren Betrieb schon lange eingestellt hat. Die Anziehungskraft des malerischen Ortes am östlichen Rand Amsterdams ist hingegen bis heute ungebrochen. Das märchenhafte **Wasserschloss** (muiderslot.nl/de) an der Mündung der Vecht ins IJsselmeer, die vorgelagerte **Festungsinsel Pampus** (pampus.nl), die **Schleusen** inmitten des Ortes und die zauberhafte Landschaft auf beiden Seiten der Vecht lohnen den Weg. Mehrmals täglich gibt es eine Fähre zur Festungsinsel.

AUF EINEN BLICK

Info

STADT/REGION: Amsterdam, Landeshauptstadt
BESTE REISEZEIT: Ganzjährig
OPTIMALE REISEDAUER: 3–4 Tage
TOURISTINFO: De Ruijterkade 28, 1012 AA Amsterdam, iamsterdam.com/de

SEHENSWÜRDIGKEITEN

NEMO: Oosterdok 2, 1011 VX Amsterdam, Tel. +31 (0)531 32 33, nemosciencemuseum.nl
ACRAM: Prins Hendrikkade 600, 1011 VX Amsterdam, Tel. +31 (0)20/620 48 78, acram.nl
SCHIFFFAHRTSMUSEUM: Kattenburgerplein 1, 1018 KK Amsterdam, Tel. +31 (0)20/523 22 22, hetscheepvaartmuseum.nl
WACHSFIGURENKABINETT MADAME TUSSAUDS: Dam 20, 1012 NP Amsterdam, Tel. +31 (0)20/522 10 10, madametussauds.com/amsterdam
NIEUWE KERK: Dam, 1012 NL Amsterdam, Tel. +31 (0)020/626 81 68, nieuwekerk.nl
KÖNIGLICHER PALAST: Eingang Nieuwezijds Voorburgwal 147, 1012 RJ Amsterdam, Tel. +31 (0)522 61 61, paleisamsterdam.nl/en/visit/de
MUSEUM DER PROSTITUTION: Oudezijds Achterburgwal 60, 1012 DP Amsterdam, Tel. +31 (0)20/846 70 20, redlightsecrets.com
OUDE KERK: Oudekerksplein 23, 1012 GX Amsterdam, Tel. +31 (0)20/625 82 84, oudekerk.nl
ONS' LIEVE HEER OP SOLDER: Oudezijds Voorburgwal 38–40, 1012 EH Amsterdam, Tel. +31 (0)20/624 66 04, opsolder.nl
TEMPEL HE HUA: Zeedijk 106–118, 1012 BB Amsterdam, Tel. +31 (0)20/420 23 57, ibps.nl/home
ZUIDERKERK: Zuiderkerkhof 72, 1011 WB Amsterdam, Tel. +31 (0)20/308 03 99, zuiderkerkamsterdam.nl
REMBRANDTHAUS: Jodenbreestraat 4, 1011 NK Amsterdam, Tel. +31 (0)20/520 04 00, rembrandthuis.nl
WATERLOOPLEIN-MARKT: Waterlooplein 2, 1011 NZ Amsterdam, Tel. +31 (0)20/624 11 11, waterlooplein.amsterdam

AUF EINEN BLICK

HERMITAGE: Amstel 51, 1018 DR Amsterdam, Tel. +31 (0)20/530 87 55, hermitage.nl

BEGIJNHOF: Eingang entweder am Spuiplein (durch die Tür) oder in der Gedempte Begijnensloot (Gittertor); täglich geöffnet von 10–18 Uhr

VAN-GOGH-MUSEUM: Museumplein 6, 1071 DJ Amsterdam, Tel. +31 (0)20/570 52 00, vangoghmuseum.nl

RIJKSMUSEUM: Museumstraat 1, 1071 XX Amsterdam, Tel. +31 (0)20/674 70v00, rijksmuseum.nl

STEDELIJK MUSEUM: Museumplein 10, 1071 DJ Amsterdam, Tel. +31 (0)20/573 29 11, stedelijk.nl

MUSEUM MOCO: Honthorststraat 20, 1071 DE Amsterdam, Tel. +31 (0)20/370 19 97, mocomuseum.com

DIAMANTENMUSEUM: Paulus Potterstraat 8, 1071 CZ Amsterdam, Tel. +31 (0)20/305 53 00, diamondmuseum.com

HOUSE OF BOLS: Paulus Potterstraat 12–16, 1071 CZ Amsterdam, bols.com

ALLARD-PIERSON-MUSEUM: Oude Turfmarkt 127–129, 1012 GC Amsterdam, Tel. +31 (0)20/525 73 00, allardpierson.nl

TROPENMUSEUM: Linnaeusstraat 2, 1092 CK Amsterdam, Tel. +31 (0)88/004 28 00, tropenmuseum.nl

FOAM: Keizersgracht 609, 1017 DS Amsterdam, Tel. +31 (0)20/551 65 00, foam.org

HAUSBOOTMUSEUM: Prinsengracht 296K, 1016 HW Amsterdam, Tel. +31 (0)20/427 07 50, houseboatmuseum.nl

ANNE-FRANK-HAUS: Westermarkt 20, 1016 GV Amsterdam, Tel. +31 (0)20/556 71 05, annefrank.org (unbedingt vorher reservieren!)

JÜDISCHES MUSEUM: Nieuwe Amstelstraat 1, 1011 PL Amsterdam, Tel. +31 (0)20/531 03 10, jck.nl

KATZENKABINETT: Herengracht 497, 1017 BT Amsterdam, Tel. +31 (0)20/626 90 40, kattenkabinet.nl

MUSEEN VAN LOON: Keizersgracht 672, 1017 ET Amsterdam, Tel. +31 (0)20/624 52 55, museumvanloon.nl

Klein, aber fein: Stadtcamping Vliegenbos für mittelgroße Camper

WILLET-HOLTUYSEN: Herengracht 605, 1017 CE Amsterdam, Tel. +31 (0)20/523 18 22, willetholthuysen.nl
FILMUSEUM EYE: IJpromenade 1, 1031 KT Amsterdam, Tel. +31 (0)20/589 14 00, eyefilm.nl
AMSTERDAM LOOKOUT & OVER THE EDGE: Overhoeksplein 5, 1031 KS Amsterdam, Tel. +31 (0)20/242 01 00, adamlookout.com/de/schaukel-over-the-edge
BOTANISCHER GARTEN: Plantage Middenlaan 2a, 1018 DD Amsterdam, Tel. +31 (0)20/625 90 21, dehortus.nl
ARTIS: Plantage Kerklaan 38–40, 1018 CZ Amsterdam, Tel. +31 (0)20/523 36 70, artis.nl

CAMPING VLIEGENBOS

ADRESSE: Meeuwenlaan 138, 1022 AM Amsterdam, Tel. +31 (0)20/251 78 00, amsterdam.nl/vliegenbos
ANFAHRT: Auf der A10 (Ringweg Oost) Ausfahrt 16 (Noord, Centrum, Volendam) und dann circa 2,5 Kilometer Richtung Stadtzentrum. Beim Bredero College an der linken Seite ist die Zufahrtsstraße zum Campingplatz.
GPS: 52.390268, 4.927120
Empfehlenswerter, von Bäumen gesäumter Campingplatz mit teils festem Untergrund. Wasser- und Stromanschluss, gratis Wi-Fi, Restaurant, Radvermietung und Waschmaschine. Unbedingt reservieren!

ALTERNATIVE CAMPINGPLÄTZE

Im Stadtgebiet gibt es noch folgende Campingplätze:
GAASPERPLAS, Loosdrechtdreef 7, 1108 AZ Amsterdam, Tel. +31 (0)20/696 73 26, gaaspercamping.nl
ZEEBURG, Zuider IJdijk 20, 1095 KN Amsterdam, Tel. +31 (0)20/694 44 30, campingzeeburg.nl.

DIE POPULÄREN BADEORTE

Aan Zee

Fast wie an der Ostseeküste: Strandkörbe am Strand von Egmond

11

Nördlich des Amsterdam-IJkanals, der die niederländische Hauptstadt mit der Nordsee bei IJmuiden verbindet, liegen entlang der Küste geschützte Dünenlandschaften mit Aussichtspunkten, Leuchttürmen und einer Handvoll sehr bekannter Badeorte, die Touristen aus aller Welt anziehen – und das mit gutem Grund: Für eine entspannte Auszeit sind Sie hier genau richtig!

Die Atmosphäre in den Strandbars und -restaurants ist sehr entspannt, die Kneipen variieren zwischen trendigen Lounges mit Sitzkissen im Sand und einfachen Fischimbissen. Hier genießen Gäste Fangfrisches aus dem Meer mit einem Glas Wein oder kühlem Bier. Hier kann man sich im feinen Sand räkeln und faulenzen, in Strandkörben á la Ostsee relaxen, radeln oder durch die Dünenlandschaft wandern … An diesem Küstenabschnitt stehen Ruhe, Erholung und Genuss im Vordergrund. Und wenn doch Sightseeing, dann durch die Badeorte und kleinen Dörfer im Hinterland.

KÜSTENORTE »AAN ZEE«

Bei einem Blick auf die Karte fällt auf, dass viele Orte in den Niederlanden die Beifügung »aan Zee« haben, obwohl die Lage – am Meer – eindeutig ist. Grund dafür ist, dass es oft ein Dorf mit zwei oder drei Namen gibt, zum Beispiel **Egmond**. Egmond aan Zee benötigt wohl keine genauere Beschreibung, um zu erahnen, wo es liegt. Es ist der jüngste Spross der Gemeinde, während Egmond-Binnen ein paar Kilometer landeinwärts den historischen Kern bildet, der sich um eine Abtei entwickelte hat. Und Egmond aan den Hoef, ebenfalls abseits der Küste gelegen, breitet sich um das ehemalige Schloss der Grafen von Egmond aus, von dem aber nur noch die Fundamente existieren.

Nördlich der drei Egmonds liegt **Bergen**. Auch diese Gemeinde hat zwei Gesichter – einen jungen und einen alten Ortskern, das am Meer gelegene jüngere Bergen aan Zee und das Künstlerdorf Bergen landeinwärts. Während funktionelle Architektur aus den 1960er-Jahren am Strandboulevard den Badeort dominiert, prägen strohgedeckte Villen, Architektur der Amsterdamer Schule aus den 1920er-Jahren und Galerien das charmante Dorf. Tradition, Architektur und Kunst unter einem Dach vereinen die Museen Kranenburgh und Sterkenhuis.

11

Der kleinere Küstenort **Hargen aan Zee** einige Kilometer nördlich von Bergen aan Zee ist eine Siedlung aus Ferien- und Wochenendhäusern. Das nahe gelegene **Schoorl**, dessen Geschichte bis ins 10. Jahrhundert zurückreicht, liegt dagegen einige Kilometer von der Küste entfernt und punktet vor allem mit einer riesigen Düne mitten im hübschen Ortszentrum. Ihr Anblick ist faszinierend, ihre Besteigung im tiefen Sand kostet allerdings etwas Kraft. Dafür werden Sie mit einer schönen Aussicht auf den Ort belohnt. Die Nordsee ist allerdings noch weit entfernt.

Südlich von Egmond bis Wijk aan Zee erstreckt sich das Naturschutzgebiet **Nordholländisches Dünenreservat**, das trotz Wassergewinnung viel Raum und gute Rad- und Wanderwege bietet, um die Natur aus nächster Nähe zu erfahren. Auf halber Strecke zwischen Egmond und Wijk befindet sich **Castricum aan Zee**, unter anderem mit einigen Strandpavillons, einer Surfschule, einem FKK-Strand und einem großen Parkplatz, an dem auch für größere Wohnmobile Platz ist. Von dort sind es etwa fünf Gehminuten bis zum Strand.

Die Düne im Zentrum von Schoorl

◀ Egmonder Leuchtturm ▶ Architektur der Amsterdamer Schule in Bergen

Tipp

Sind Kinder mit an Bord, könnten Sie vielleicht den Campingplatz Geversduin (siehe Seite 119) zur Übernachtung ansteuern und außer einen Stellplatz eine Hobbit-Wohnung dazumieten. Diese einzigartigen Unterkünfte wurden unter Erdhügeln ganz im Stil der Häuser aus dem Film »Lord of the Rings« konzipiert und versprechen ein außergewöhnliches Abenteuer und Schlaferlebnis für die jüngsten Camper. Es gibt allerdings nur eine Handvoll Wohnungen, die sehr begehrt sind, weshalb eine Reservierung unbedingt anzuraten ist.

WIJK AAN ZEE

Wijk aan Zee hat nur diesen einen Namen, da es seit jeher an der Küste liegt und fast täglich von einer mehr oder weniger starken Brise umweht wird. Der südlichste Teil des Strandes ist deshalb ein beliebter Surfspot mit Surfschule. Das über 2000 Einwohner zählende Dorf ist ein typisch niederländischer Badeort mit guter Infrastruktur und wohl der Lieblingsort zum Entspannen für die Hauptstädter schlechthin, schließlich liegt er nur 20 Kilometer von Amsterdam entfernt. Das zeigt sich auch an Wochenenden und in der Urlaubszeit: Dann kann es am Strand und in den angesagten Beachbars ziemlich voll werden. Um den Andrang der Besucher zu bewältigen, gibt es zwei Parkplätze in Strandnähe und einen am Ortsbeginn rund um die Grünfläche, die auch als Veranstaltungsort genutzt wird. Je näher Sie am Strand parken, desto teurer wird es. Es gibt übrigens auch einen Campingplatz zum Übernachten, etwa 1,5 Kilometer vom Strand entfernt (siehe Seite 118).

▲ Strandrestaurant in Wijk aan Zee ◀ Besucherzentrum Nordholländisches Dünenreservat ▶ Skulpturenpark

Tipp

Von der Aussichtsdüne am Südrand von Wijk aan Zee fällt der Blick unweigerlich auf Tata Steel, das eher an eine Filmkulisse aus »Lord of the Rings« erinnert als an die große Industrieanlage des riesigen Stahlherstellers. Trotzdem sollten Sie die entspannte Atmosphäre, die leckeren Longdrinks und das kulinarische Angebot der Beachkneipen mit exotischen Namen wie »Timboektoe« und »Aloha« am Südzipfel des Strandes genießen und dabei von einer Strandliege oder einem Loungestuhl aus das Treiben der Surfer beobachten, die gegen Wind und Wellen kämpfen – nur nicht bei Ostwind, denn dann können die Rauchfänge von Tata Steel die Luft ganz schön verpesten!

AUF EINEN BLICK

Info

STADT/REGION: Wijk aan Zee, Provinz Noord-Holland
BESTE REISEZEIT: Mai, Juni, September, Oktober
OPTIMALE REISEDAUER: 2–3 Tage
TOURISTINFO: Wijk an Zee: Voorstraat 12, 1949 BH Wijk aan Zee, Tel. +31 (0)6/81 46 88 16, tipwijkaanzee.nl; Egmond aan Zee: Voorstraat 141, 1931 AK Egmond aan Zee, Tel. +31 (0)72/511 42 84, vvvegmond.nl

SEHENSWÜRDIGKEITEN

BILDERPARK: Reyndersweg, 1951 JZ Wijk aan Zee, Tel. +31 (0)251/37 31 09, eenzeevanstaal.nl
NOORDHOLLÄNDISCHES DÜNENRESERVAT: Besucherzentrum Castricum: Johannisweg 2, 1901 NX Castricum, Tel. +31 (0)251/66 10 66, pwn.nl/bezoekerscentrum-de-hoep; Bergen: Zeeweg 2, 1861 PZ Bergen, Tel. +31 (0)251/66 44 11, pwn.nl/bezoekerscentrum-de-schaapskooi
HAUS VON HILDE: Westerplein 6, 1901 NA Castricum, Tel. +31 (0)23/514 32 47, huisvanhilde.nl
BUNKERMUSEUM: 78, Doctor Wiardi Beckmanlaan, 1931 BW Egmond aan Zee, Tel. +31 (0)6/21 58 33 86, egmond4045.nl
KLOSTER EGMOND: Vennewatersweg 27a, 1935 AR Egmond-Binnen, Tel. +31 (0)72/506 14 15, abdijvanegmond.nl

◀ Unterwegs im Dünenreservat ▶ Kloster Egmond

AUF EINEN BLICK

MUSEUM PRINS HENDRIK DER SEEFAHRER: Voorstraat 41, 1949 AHvEgmond aan Zee, Tel. +31 (0)72/507 00 00, museumvanegmond.nl/museum-prins-hendrik-de-zeevaarder
MEERESAQUARIUM: Van der Wijckplein 16, 1865 AP Bergen aan Zee, Tel. +31 (0)72/581 29 28, zeeaquarium.nl
MUSEUM KRANENBURGH: Hoflaan 26, 1861 CR Bergen, Tel. +31 (0)72/201 50 00, kranenburgh.nl
MUSEUM STERKENHUIS: Oude Prinsweg 21, 1861 CS Bergen, Tel. +31 (0)72/589 70 28, museumhetsterkenhuis.nl

NIVON CAMPING BANDJAERT

ADRESSE: Burgemeester Rothestraat 53A, 1949 CC Wijk aan Zee, Tel. +31 (0)88/099 09 53, banjaert.nivon.nl
ANFAHRT: Auf der N197 und am Kreisverkehr am Westrand von Beverwijk Richtung Wijk aan Zee abbiegen. Nach etwa zwei Kilometern am großen Dorfplatz ist die Route nach rechts ausgeschildert.
GPS: 52.493875, 4.602717
Kleiner, in zwei Felder unterteilter Campingplatz mit zweckmäßiger Infrastruktur. Ein drittes Feld, gleich rechts am Beginn des Platzes, ist für Camper reserviert. Circa zwei Kilometer vom Strand entfernt. Reservierung empfohlen!

◀ Camping Bandjaert ▶ Camping Noorddorperbos

Museum Kranenburgh in Bergen

CAMPING NOORDDORPERBOS

ADRESSE: Noorddorperweg 24, 1968 LN Heemskerk,
Tel. +31 (0)6/23 49 35 73, noorddorperbos.nl
ANFAHRT: Auf der A22 Ausfahrt N197, Beverwijk, Velsen-Noord, Wijk aan Zee. Weiter auf der N197 Richtung Heemskerk und nach etwa neun Kilometern nach links auf den Rijksstraatweg Richtung Noorddorp einbiegen, einige Minuten später der Beschilderung nach rechts folgen.
GPS: 52.527423, 4.655636
Kleiner Campingplatz mit einfacher Infrastruktur und rund 25 Stellplätzen auf Gras inmitten eines Gemüse- und Getreideanbaugebietes; circa 4,5 Radkilometer zum Strand.

ALTERNATIVE CAMPINGPLÄTZE

In der Nähe des Camping Noorddorperbos befindet sich der sehr populäre, große **Ferienpark Geversduin** mit kompletter Infrastruktur (campinggeversduin.nl).
Um die Orte Castricum und Egmond gibt es jeweils circa zehn Campingplätze, bei Bergen und Petten ungefähr die Hälfte. Achten Sie darauf, dass der Platz einigermaßen windgeschützt ist. Camping Corfwater hat zum Beispiel sehr schöne, auf einer Anhöhe liegende Stellplätze für Wohnmobile, allerdings ohne Windschutz!

ZWISCHEN DEN MEEREN

Die Region um Zaandam

Freilichtmuseum Zaanse Schans an der Zaan

12

Etwa 20 Straßenkilometer von der Nordseeküste entfernt fließt die Zaan vom Alkmaardermeer über Wormerland und Zaandam Richtung Amsterdam, wo sie in den Nordseekanal mündet. An beiden Ufern dieses ehemaligen Fehnkanals erstreckt sich eine überaus reizvolle Region voller landschaftlicher Schönheit und kultureller Überraschungen.

Landschaftlich dominieren in diesem Abschnitt typisch niederländische Agrarflächen, vor allem beim Wormerland. Dort liegen die Regionen **Beemster** und **Schermer**, von denen behauptet wird, dass sie die wohl typischsten Landschaften der Niederlande seien: flach wie eine Flunder, sattgrüne Kuhweiden und wie auf einem Schachbrett angeordnete, von Kanälen getrennte Felder mit fotogenen Windmühlen an den Ufern.
Inmitten dieses als UNESCO-Weltkulturerbe geschützten Gebietes liegt **De Rijp**, eines der schönsten Dörfern der Niederlande. Entlang der Zaan findet man in Orten wie **Zaandijk** noch typische, dunkelgrüne Holzhäuser und Backsteinhäuser mit hölzernen Glockengiebeln sowie gut erhaltene Industriedenkmäler, die aus der Blütezeit des 17. Jahrhunderts stammen. Damals nutzte man an den Ufern der Zaan rund 50 Windmühlen; in Zaandam waren mehr als 60 Werften in Betrieb, sodass die Region inklusive Amsterdam als eines der ersten Industriegebiete in Europa galt. Und die Industrie wuchs weiter so rasant, dass in Spitzenzeiten in der Zaan-Region rund 1100 Mühlen in Betrieb waren.

BERÜHMTES FREILUFTMUSEUM

Über die Geschichte der Mühlen in der Zaan-Region, über den Alltag und noch vieles mehr informiert das Freiluftmuseum **Zaanse Schans** am linken Ufer der Zaan bei Zaandijk. Es ist der touristische Mittelpunkt der Region und eines der am häufigsten besuchten und fotografierten Museen des Landes. In Spitzenjahren kommen rund zwei Millionen Besucher hierher, um dieses wunderschöne Ensemble aus Windmühlen und regionaltypischen Häuser zu bewundern. Hier wird auf anschauliche Weise das 18. und 19. Jahrhundert neu zum Leben erweckt – unter anderem mit authentischen Lebensmittelläden, hölzernen Wohnhäusern, von denen einige noch bewohnt sind (!), begehbaren Galerie-Windmühlen sowie diversen Schuppen und Werkstätten, in denen Klompen (Holzschuhe) hergestellt werden.

12

Das **Mühlenmuseum Zaansche Molen** bietet eine multimediale Zeitreise durch drei Jahrhunderte Industrie in der Zaan-Region mit Schwerpunkt Mühlen, die von Papier über Gewürze bis hin zu Öl und Holzbrettern alles mit einer für diese Zeit ausgegreiften Technik produzierten. Für Geschichte und Kultur der Region sind Sie im **Zaans Museum** an der richtigen Adresse. Parken können Sie direkt beim Freiluftmuseum, allerdings ist dies kostenpflichtig und für größere Wohnmobile ist der Parkplatz weniger geeignet.

PANNENKOEKEN-RESTAURANT Sollten Sie zwischendurch Hunger bekommen, können Sie diesen bestens im Pannenkoeken-Restaurant De Kraai (www.dekraai.nl) auf dem Gelände des Freiluftmuseums Zaanse Schans stillen. Hier werden pizzagroße, dünne Pfannkuchen mit verschiedenen Belägen serviert – da ist für fast jeden Geschmack etwas dabei.

BERÜHMTE BESUCHER

Administrativer Mittelpunkt der Region ist **Zaandam**, eine rund 80 000 Einwohner zählende Stadt mit dem sehenswerten Inntel-Hotel, das in seiner Fassade alle typischen Giebel der Region enthält. Zu finden ist es am Provincialeweg 102, 1502 MD Zaandam. Zudem kann sich die Stadt mit dem Besuch zweier weltbekannter Persönlichkeiten rühmen: Zar Peter der Große und Claude Monet.

◀ Räucherei in Marken ▶ Monnikendam

Schiffsanlegestelle in Volendam

Der russische Zar war 1697 in der Stadt und wohnte in einem der heute ältesten Holzhäuser des Landes. Es wurde 1632 erbaut und ist nun als **Museum Zar-Peter-Haus** zugänglich. Peter der Große kam übrigens nach Holland, um sich in den Werften der Vereinigten Ostindischen Kompanie (VOC) über den Schiffbau zu informieren. Der französische Impressionist Claude Monet (1840–1926) war mit 31 Jahren in Zaandam, wo er etwa zwei Dutzend Landschaftsbilder malte. Das **ehemalige Atelier** kann besichtigt werden. Die ausgestellten Werke sind Repliken, geben aber dennoch einen guten Eindruck von der Arbeitsweise des Malers und vermitteln Impressionen von Zaandam und Umgebung aus dem Jahr 1871. Das Atelier fungiert auch als Informationszentrum und Treffpunkt für Gegenwartskünstler und Monet-Liebhaber; es werden Workshops angeboten, Lesungen abgehalten und Rundgänge entlang der Monet-Standorte organisiert.

Tipp

Geräucherte Aale, eingelegte Salzheringe, gebackene Muscheln, panierter Kabeljau … begehrte Leckerbissen in den traditionellen Fischerorten am Markermeer, vor allem im mittelalterlichen Monnikendam und in Marken, einst eine arme Inselsiedlung, heute das Bilderbuchdorf par excellence und seit Mitte des 20. Jahrhunderts durch einen Damm mit dem Festland verbunden. Im traditionellen Fischerdorf Volendam ist der Tourismus die Einnahmequelle Nummer eins, Edam wiederum entwickelte sich zu einer über die Landesgrenzen hinaus bekannten Käsestadt mit traditionellem Käsemarkt. Zwischen Volendam und Marken gibt es eine Schiffsverbindung. Auch das Rad kann mitgenommen werden, wodurch ein Rundkurs möglich ist.

AUF EINEN BLICK

Info

STADT/REGION: Zaandam, Provinz Noord-Holland
BESTE REISEZEIT: Ganzjährig
OPTIMALE REISEDAUER: 3–4 Tage
TOURISTINFOS: Zaandam: Stadhuisplein 96, 1506 MZ Zaandam, Tel. +31 (0)75/615 04 06, zaans.nl; Edam: Damplein 1 (Rathaus), 1135 BK Edam, Tel. +31 (0)299/31 51 25; Volendam: Zeestraat 37, 1131 ZD Volendam, Tel. +31 (0)299/36 37 47; Marken: Havenbuurt 19c, 1156 AL Marken, Tel. +31 (0)299/60 21 84; De Rijp: De Waag, 1483 BJ De Rijp, Tel. +31 (0)299/67 19 79; Monnickendam: Zuideinde 2, 1141 VJ Monnickendam, Tel. +31 (0)299/82 00 46

SEHENSWÜRDIGKEITEN

ZAANSE SCHANS: Leeghwaterweg 771, 1509 AZ Zaandam, Tel. +31 (0)75/681 00 00, zaanseschans.nl
MUSEUM ZAR PETER: Krimp 23, 1506 AA Zaandam, Tel. +31 (0)75/681 00 00, czaarpeterhuisje.nl
ATELIER CLAUDE MONET: Westzijde 14g, Eingang Gedempte Gracht 2c, 1506 EE Zaandam, Tel. +31 (0)6/16 89 93 89, monetinzaandam.nl
BEEMSTER: laagholland.com/de/vvv-beemster/home
SCHERMER: laagholland.com/de/vvv-graft-de-rijp-en-schermer
DE RIJP: vvvderijp.nl/de
VOLENDAM: vvv-volendam.nl/nl/wilkommen
MARKEN: gemeentemarken.nl/t-de-index.html
MONNIKENDAM: laagholland.com/de/vvv-waterland/location/vvv-agentschap-monnickendam
EDAM: vvv-edam.nl

CAMPERPARK DE AKKER

ADRESSE: Wormerringdijk 1, 1531 MC Wormer, Tel. +31 (0)75/628 30 02 und +31 (0)6/52 09 50 12, deakker.eu
ANFAHRT: Auf der N246, in Noorderveld auf die N514 und nach der Überquerung der Zaan links direkt direkt zum Campingplatz.
GPS: 52.504102, 4.794159

◀ Camping in Heemskerk ▶ Camping Alkmaar

Zwischen der Zaan und dem Westufer des Sees De Poel gelegener Familencampingplatz mit circa zehn Touristenplätzen. Der Rest wird von Dauercampern belegt, die meistens ein Boot im Seehafen vor Anker liegen haben. In der Nähe befinden sich ein Kanuverleih und das Naturschutzgebiet Wormer- und Jisperveld, wo sich unter anderem eine Beobachtungshütte für Wasservögel befindet.

CAMPING ZAANSMEERPOLDER

ADRESSE: Lagendijk, 1911 MT Uitgeest, Tel. +31 (0)251/31 35 53, zwaansmeer.nl

ANFAHRT: Auf der A9 Ausfahrt Uitgeest, danach an der Ostseite der Autobahn bis zum Jachthafen Uitgeest und dort nach rechts zum Campingplatz.

GPS: 52.528829, 4.735252

Schön am See Uitgeestermeer gelegener, kleiner Campingplatz für maximal 22 Wohnmobile. Einfache, zweckmäßige Infrastruktur. Der Campingplatz wird vom Hafenmeister verwaltet. Nach 17 Uhr kann man nur durch Scannen eines QR-Codes einchecken und bezahlen. Danach erhält man den Code für einen Safe, worin sich der Schlüssel für die Schranke befindet.

ALTERNATIVE CAMPINGPLÄTZE

Wer lieber in Küstennähe stehen möchte, kann einen der Plätze in Wijk aan Zee (16 Kilometer), Heemskerk (elf Kilometer; beide siehe Seite 118 f.) oder einem anderen Badeort an der Küste nehmen. Um die Orte Castricum (zwölf Kilometer) und Egmond (20 Kilometer) gibt es jeweils circa zehn Campingplätze.

Ein guter und empfehlenswerter Platz in der Umgebung ist das 17 Kilometer entfernte **CAMPING ALKMAAR** (siehe Seite 132).

EINE KÄSESTADT MIT FLAIR

Alkmaar und das Umland

Blick auf die historische »Waag« in Alkmaar

13

Eine einfache Bauernsiedlung um eine schlichte Kirche im 11. Jahrhundert bildete die Basis für das heute rund 110 000 Einwohner zählende Alkmaar. Bereits Mitte des 13. Jahrhunderts erhielt der Ort die Stadtrechte, seit Ende des 16. Jahrhunderts steht der Käse im Mittelpunkt der Stadt und seit 1622 wird der traditionelle Käsemarkt abgehalten.

Der historische Kern von Alkmaar ist klein und zu Fuß gut zu erkunden. Viele altehrwürdige Häuser konzentrieren sich an und um die Grachten, die der Stadt ihren besonderes Flair verleihen, vor allem abends, wenn die Szenerie durch künstliches Licht verstärkt wird. Am besten lassen Sie das Wohnmobil am Campingplatz Alkmaar (siehe Seite 132) stehen und nehmen das Rad oder den Bus ins Zentrum.

SPEKTAKEL ZUM VERKOSTEN

In den Sommermonaten wird eben dieses Zentrum ziemlich lebhaft, und zwar immer freitags, wenn um Punkt 10 Uhr am Waagplein die Glocke ertönt – Startzeichen des weit über die Landesgrenzen hinaus berühmten **Käsemarkts**. Traditionell wird die Glocke von einer stadtbekannten Person geläutet. Mal ist es ein Politiker, mal ein Unternehmer, mal ein Fußballstar oder Fernsehsternchen. An der Umzäunung drängen sich denn auch viele Besucher, um das Spektakel unter freiem Himmel aus nächster Nähe beizuwohnen. Je früher man also am Marktplatz ist, desto größer ist die Chance auf einen guten Platz am Absperrgitter.

Nach dem Ende des Glockentons beginnt für viele Laiendarsteller ein harter Markttag, auch wenn es nur eine touristische Vorführung ist. Denn sogenannte »Setzer« schlichten in und vor der Waage die rund 30 Kilogramm schweren Käselaibe neben- und übereinander auf längliche, hölzerne Tragbarren. Danach kommen die in Weiß gekleideten Käseträger in Aktion. Sie laufen mit den ziemlich schwer beladenen Traggestellen kreuz und quer über den Platz. Händler und Käufer warten dort bereits auf die Ware. Sie prüfen zunächst den Käse auf seine Qualität, indem sie eine Probe entnehmen, diese verkosten und daran riechen. Danach beginnt das Feilschen um den Preis, ein wichtiger Bestandteil des Handels. Schließlich wird der Kauf immer mit einem Handschlag besiegelt. Nach rund zwei Stunden ist das Spektakel vorbei.

13

Am Beginn des 20. Jahrhunderts wurden so etwa bis zu 300 Tonnen Käse pro Markttag verkauft. Heute haben sich der Käsehandel und die -herstellung natürlich verändert. Nichtsdestotrotz sollte man sich dieses Großereignis nicht entgehen lassen, schon wegen der Möglichkeit, den Käse in kleinen Häppchen zu probieren, die den Besuchern von traditionell gekleideten Mädchen angeboten werden. Rund um den Käsemarkt gibt es zudem Stände, wo verschiedene Sorten zum Kauf angeboten werden.

ZAUBERHAFTE ALTSTADT

Alkmaar nur auf den Käsemarkt zu reduzieren, würde der Stadt nicht gerecht werden, denn die zauberhafte Altstadt lockt mit vielen architektonisch interessanten Gebäuden, historischen Vierteln und schönen Museen. Mittelpunkt der Stadt ist der Waagplein mit der historischen, teils noch original erhaltenen **Waage** samt schlankem Turm aus dem 14. Jahrhundert. Darin befindet sich das **Käsemuseum**, das die jahrhundertelange Geschichte der Herstellung von Käse und anderen Milchprodukten beleuchtet. In

Zwei typisch gekleidete Käseträger auf dem berühmten Alkmaarer Käsemarkt

◀ Wunderschönes Grachtenhaus ▶ Der Eingang zum Stadthuis (Rathaus)

der Waage befindet sich übrigens auch die Touristeninformation, wo Sie eine Broschüre mit einem empfehlenswerten Stadtrundgang entlang der schönsten Sehenswürdigkeiten erhalten. Interessant in der Altstadt sind unter anderem das **alte Rathaus**, das nach elfjähriger Bauzeit 1531 fertiggestellt wurde, die kleine **Baptistenkirche** und das größte Sakralgebäude der Stadt: die **Kirche Sankt Laurens** aus dem 15. Jahrhundert mit zwei interessanten Orgeln aus dem 16. und 17. Jahrhundert.

Historisch beachtenswert ist das **Haus mit der Kugel**, in dessen Fassade noch eine Kanonenkugel aus der spanischen Besetzung steckt. Jährlich am 8. Oktober wird übrigens der Sieg über die Spanier groß gefeiert. Sehenswert sind zudem die **Zoutziederij** (Salzsiederei), das **Lagerhaus Vigilantie** aus dem 17. Jahrhundert sowie die Höfe **Van Sonoy** (einst Teil eines Klosters) und der 350 Jahre alte **Van Splinter**.

Bei einem ausgedehnten Rundgang passieren Sie sicher auch den **Paardenmarkt** (Pferdemarkt) und den **Vismarkt**, wo einst mit Booten der fangfrische Fisch in die Stadt gebracht wurde. Und vermutlich spazieren Sie durch die **Hekelstraat**, ein im 19. Jahrhundert wichtiges Handwerkszentrum, durch die **Vrouwenstraat**, ein altes Prostituiertenviertel, und über den **Rudi-Carell-Platz** mit einer Büste des auch in Deutschland bekannten Fernsehmoderators und Komikers, der in Alkmaar geboren wurde und hier seine ersten Schritte auf der Bühne machte.

Beatles-Museum

BEATLES-MUSEUM Nostalgie pur für alle Fans der Pilzköpfe verspricht das Beatles-Museum, das angeblich weltweit größte seiner Art mit einer beeindruckenden Sammlung von Fundstücken, die von einem Fan, Azing Moltmaker, zusammengetragen wurden. Die Band war öfters in den Niederlanden und hat auch weltweit Aufsehen erregt, denkt man nur an Yoko Ono und John Lennon, die im Amsterdamer Hilton-Hotel eine Woche lang im Bett Interviews gaben. In Alkmaar waren sie allerdings nie!

Im Stadtgebiet befinden sich noch eine Handvoll historische Windmühlen, von denen die **Molen van Piet**, eine typische Galerieholländermühle, die bekannteste ist. Wer mehr über die Kulturgeschichte und spanische Besetzung der Stadt erfahren möchte, sollte das **Städtische Museum** besuchen. Zum Thema Bier inkl. Verkostung von über 80 niederländischen Biersorten gibt es alles im nationalen **Nederlands Biermuseum De Boom**, das in einem alten Brauereigebäude aus dem 17. Jahrhundert untergebracht ist.

MIT DEM RAD DAS UMLAND ERKUNDEN

Ein paar Kilometer westlich von Alkmaar liegt Bergen aan Zee, beidseitig von der Nordseeküste mit langen Sandstränden, zauberhaften Dünenlandschaften und einer perfekten touristischen Infrastruktur umgeben (siehe Seite 113 f.). Südlich grenzt die Zaan-Region an (siehe Seite 120 ff.), östlich die typisch niederländischen Polderlandschaften Schermer und Beemster, die Sie auf einer rund 48 Kilometer langen Radtour entdecken können. Vom Campingplatz Alkmaar sind es nur wenige Radminuten zum Startpunkt (Radknotenpunkt 6). Ab hier folgen Sie einfach den Knotenpunkten 73, 74, 1, 50, 2, 78, 77, 81, 80, 58, 61, 29, 28, 27, 52, 17, 3, 51, 72 und schließlich wieder 50, 1, 74, 73 und 6. Unterwegs radeln Sie auf historischen Deichen, die angelegt wurden, als das Meer noch bis hierher reichte. Und die typische Architektur in den hübschen Dörfern Driehuizen, Craft und De Rijp ist ein wahrer Hingucker. Mit dem Wohnmobil ist die Tour allerdings nicht zu empfehlen – die Wege und Ortsdurchfahrten sind oft viel zu schmal (Warnschilder verweisen des Öfteren auf eine maximale Breite von 2,30 Metern), und Ausweichmöglichkeiten sind an einer Hand abzuzählen.

Tipp

Einige Kilometer nördlich von Alkmaar liegt Broek op Langedijk inmitten eines Gemüseanbaugebiets, in dem vorwiegend Kohl wächst. Sein Duft hängt denn auch ständig in der Luft. Bis in die 1970er-Jahre war die Region in kleine, rechteckige Felder unterteilt, durch schmale Kanäle getrennt, weshalb man heute noch von der »Region der 1000 Inseln« spricht. Die Äcker waren nur mit Booten erreichbar. 1887 wurde in der Gemeinde die erste Gemüseauktion durchgeführt, zunächst unter freiem Himmel, etwas später in einer bootshausähnlichen Holzbaracke, in der die Bauern direkt vom Boot aus verkauften. Die Gemüseauktion ist inzwischen Geschichte und das Holzgebäude heute ein Museum, das mit geführten Bootsfahrten besichtigt werden kann.

◀ De Rijp ▶ Polderlandschaft Beemster

AUF EINEN BLICK

Info

STADT/REGION: Alkmaar, Noord-Holland
BESTE REISEZEIT: Ostern bis Ende September
OPTIMALE REISEDAUER: 2–3 Tage
TOURISTINFO: Waagplein 2, 1811 JP Alkmaar, Tel. +31 (0)72/511 42 84, vvvalkmaar.nl

SEHENSWÜRDIGKEITEN

WAAGE, KÄSEMUSEUM & KÄSEMARKT: Waagplein 2, 1811 JP Alkmaar, Tel. +31 (0)72/515 55 16, kaasmarkt.nl, kaasmuseum.nl
ALTES RATHAUS: Langestraat 97, 1811 JD Alkmaar, Tel. +31 (0)72/140 72, alkmaar.nl
HAUS MIT DER KUGEL: Appelsteeg 2, 1811 NA Alkmaar, Tel. +31 (0)72/541 03 40
ZOUTZIEDERIJ: Schelphoek 2, 1813 SE Alkmaar, Tel. +31 (0)72/581 40 45
HOF VAN SONOY: Gedemte Nieuwesloot 18, 1811 LD Alkmaar
HOF VAN SPLINTER: Ritsevoort 2, 1811 DN Alkmaar
PFERDEMARKT: Paardenmarkt 3, 1811 HK Alkmaar
FISCHMARKT: Vismarkt, 1811 JA Alkmaar
MOLEN VAN PIET: Clarissenbuurt 4, 1811 GC Alkmaar, Tel. +31 (0)6/55 81 66v52, molenvanpiet.nl
STÄDTISCHES MUSEUM: Canadaplein 1, 1811 KE Alkmaar, Tel. +31 (0)72/548 97 89, stedelijkmuseumalkmaar.nl
BIERMUSEUM: Houttil 1, 1811 JL Alkmaar, Tel. +31 (0)72/511 38 01, biermuseum.nl
BEATLES-MUSEUM: Pettemerstraat 12A, 1823 CW Alkmaar, Tel. +31 (0)6/38 30 58 95, beatlesmuseum.nl
BROEK OP LANGEDIJK: Gemüseauktion, Museumweg 2, 1721 BW Broek op Langedijk, Tel. +31 (0)226/31 38 07, broekerveiling.nl

CAMPING ALKMAAR

ADRESSE: Bergerweg 201, 1817 ML Alkmaar, Tel. +31 (0)72/511 69 24, campingalkmaar.nl

Camping Alkmaar

ANFAHRT: Auf der N9 Ausfahrt P+R Bergermeer. Die Route zum Campingplatz ist danach ausgeschildert.
GPS: 52.642062, 4.724071
Hervorragend angelegter und gepflegter Campingplatz mit moderner Infrastruktur, geräumiger und sauberer Sanitäreinrichtung sowie verschiedenen Stellplätzen; spezielle Plätze auch für große, schwere Wohnmobile. Zentrale Lage für einen Besuch der Stadt und der Küstenregion.

CAMPING DE ZONNEHOEVE

ADRESSE: Hoeverweg 15, 1934 PK Egmond aan den Hoef, Tel. +31 (0)72/506 72 79, campingdezonnehoeve.nl
ANFAHRT: Auf der N9 Ausfahrt Egmond und dann auf der N512 weiter. Nach etwa 2,5 Kilometern geht es in einer Linkskurve nach rechts zum Campingplatz.
GPS: 52.636618, 4.680573
Zentral zwischen Alkmaar (sechs Kilometer) und der Küste bei Egmond aan Zee (fünf Kilometer) gelegener, kleiner Campingplatz auf einem Bauernhof. Gepflegte Anlage mit sauberen sanitären Anlagen.

ALTERNATIVE CAMPINGPLÄTZE

Wer direkt an der Küste sein Wohnmobil aufstellen möchte, findet zwischen Castricum, Egmond und Bergen zwei Dutzend unterschiedliche Campingplätze.

Die Hafenstädte Hoorn und Enkhuizen

Hauptturm am historischen Binnenhafen von Hoorn

14

Im Mittelpunkt dieses Abstechers von der heutigen Nordseeküste zur alten Meeresküste am IJsselmeer stehen die westfriesischen Hafenstädte Hoorn und Enkhuizen. Das IJsselmeer war bis 1932 mit der Nordsee verbunden. Seitdem trennt der Afsluitdijk (Abschlussdeich) die beiden Meere und machte aus der einst salzhaltigen Zuiderzee, wie das IJsselmeer früher hieß, ein Süßwasserrefugium für Vögel und Pflanzen und ein Freizeitgebiet für Wassersportler par excellence.

Der **Abschlussdeich** ist für sich schon eine äußerst interessante Sehenswürdigkeit und eine Meisterleistung der niederländischen Wasserbauingenieure. Bereits im 17. Jahrhundert kam die Idee auf, die Zuiderzee von der Nordsee mittels eines Damms zu trennen. Gründe dafür waren unter anderem Überschwemmungen, Deichdurchbrüche und die Versalzung des Ackerbodens. Der Ingenieur Hendrik Stevin (1614–1668) hatte diese Idee und wollte die Zuiderzee trockenlegen, um das gewonnene Land für Agrarwirtschaft und Städtebau nutzen zu können. Doch es dauerte noch bis zum 20. Jahrhundert, bevor ein Teil dieser Idee umgesetzt wurde. 1920 startete man unter der Leitung des Wasserbauingenieurs Cornelius Lely (1854–1929) mit den ersten Arbeiten. 1927 wurde dann begonnen, den Damm anzulegen, der 1932 feierlich eröffnet wurde.
Der Abschlussdeich ist rund 32 Kilometer lang, besitzt an beiden Enden eine Schleuse für die Schifffahrt und misst an seinem Scheitel, wo ein Radweg und eine vierspurigen Autobahn angelegt wurden, rund 90 Meter. In der Mitte des Dammes wurde ein Aussichtsturm mit Parkplätzen zu beiden Seiten errichtet, die durch eine Fußgängerbrücke verbunden sind.

WICHTIGE HANDELSHÄFEN

Als noch kein Abschlussdeich den Weg für die Schiffe in die weite Welt versperrte und auch die Teilung des IJsselmeers mit dem rund 26 Kilometer langen Damm Houtribdijk (auch Markerwaarddijk) zwischen Enkhuizen und Leylstad noch nicht vorhanden war, waren Hoorn und Enkhuizen die wichtigsten Handelshäfen in den Niederlanden. Die Schiff- und Handelsgesellschaft Vereinigte Ostindische Kompanie, kurz VOC, hatte ihren Sitz mal in Hoorn, mal in Enkhuizen und schickte von diesen Häfen aus ihre Schiffe unter anderem in die Baltischen Staaten und nach Ostindien.

14

Reich beladen mit Gewürzen und anderen Schätzen aus dem Fernen Osten, wurden die Handelsgüter in Hoorn und Enkhuizen umgeschlagen. Jahrhundertelang profitierten die Städte vom florierenden Handel, was am Ortsbild nach wie vor erkennbar ist.
Das heute rund 75 000 Einwohner zählende Hoorn wurde im 12. Jahrhundert erstmals urkundlich erwähnt. Seine Blütezeit begann 1602, als die VOC ihren Sitz in der Stadt eröffnete. Hoorn entwickelte sich rasch zu einer Hafenstadt von internationaler Bedeutung, die allerdings mit dem Aufstieg von Amsterdam und englischen Städten als wichtige Handelshäfen ihr Ende fand. Hoorn entwickelte sich in den Folgejahren zurück zu einer Fischereihafen- und Marktstadt. Von der ehemaligen Blütezeit sind allerdings einige Bauten erhalten geblieben, die inzwischen unter Denkmalschutz stehen.

IM ZENTRUM VON HOORN

Der Blickfänger am alten Binnenhafen ist der **Hauptturm** aus 1532, in dem heute ein Restaurant seine Gäste verwöhnt. Ein paar Schritte südlich davon, auf der Insel Oostereiland im Gravhaven, befinden sich die Touristeninformation Punt Hoorn und das **Museum des 20. Jahrhunderts**, das mit seinen Exponaten viele Thema aus dem vorigen Jahrhundert beleuchtet. Im Zentrum am Platz Roode Steen, dem Mittelpunkt der Stadt, erhebt sich die **Waag** (Käsewaage) aus dem Jahr 1609. Gegenüber gelangt

◀ Abschlussdeich ▶ Das Westfriesische Museum

Das Zentrum: der Platz Roode Steen mit der Käsewaage

man zum **Westfriesische Museum** in einem monumentalen Gebäude aus dem Jahr 1632, worin sich einst die Regionalverwaltung von sieben westfriesischen Städten befand. Die Löwen auf den Stufengiebel zeigen die sieben Wappen dieser Städte. In der Mitte des Platzes steht das Standbild von **Jan Pieterszoon Coen**, dem ehemaligen Generalgouverneur der VOC in Südostasien.

Interessant ist im Zentrum auch die **Grote Kerk** (Große Kirche). Heute empfängt darin das Heavens Hotel Hoorn seine Gäste unter dem Motto »Schlafen in himmlischer Höhe« – sollten Sie einmal nicht im Wohnmobil übernachten wollen und/oder eine besondere Schlafmöglichkeit suchen (dutchen.de/unsere-suites/heavens-hotel-hoorn).

Tipp

Spaß für Groß und Klein verspricht eine Fahrt mit der Museumseisenbahn von Hoorn ins rund 20 Kilometer entfernte Medemblik. Die Bahnstrecke wurde mit einigen Unterbrechungen, etwa im Zweiten Weltkrieg, zwischen 1884 und 1941 genutzt. Seit Mitte der 1960er-Jahre werden auf der kurvenreichen Strecke nur noch touristische Fahrten mit historischen Zügen angeboten. Das Zugticket kann auch als Kombi-Ticket mit Rückfahrt auf einem historischen Boot und/oder einem Besuch des Zuiderzeemuseums (siehe Seite 139) gekauft werden.

Enkhuizen

EINBLICKE INS GOLDENE ZEITALTER

Auch in **Enkhuizen** ist das »Goldene Zeitalter«, wie das 17. Jahrhundert in den niederländischen Geschichtsbüchern bezeichnet wird, an vielen Bauwerken noch sichtbar, zum Beispiel am **Rathaus** aus dem Jahr 1686 und den beiden aus 1649 stammenden Wehr- und Stadttoren **Koepoort** (Kuhtor) und **Zuiderpoort**. Letztgenannter mit Glockenspiel zu jeder halben und vollen Stunde ist auch als »Drommedaris« (Dromedarturm) bekannt. Die beiden großen Kirchen **Zuiderkerk** und **Westerkerk** entstanden hingegen bereits vor dem Goldenen Zeitalter im 15. Jahrhundert.

STADTHISTORIE

Die ehemalige Hafen- und Handelsstadt bezieht heute ihr Einkommen größtenteils aus dem Tourismus. Die einstige Fischerei ist weitestgehend in den Hintergrund gerückt, und auch die Agrarbetriebe der Umgebung sind nur von geringer Bedeutung für die Stadt. Dabei sind die Ursprünge von Enkhuizen auf eine kleine agrarische Siedlung um das Jahr 1000 zurückzuführen, die nach und nach zu einem Dorf anwuchs, ehe es Ende des 13. Jahrhunderts bei kriegerischen Auseinandersetzungen teilweise niedergebrannt wurde. Nach dem Wiederaufbau und kontinuierlichem Wachstum erhielt es Mitte des 14. Jahrhunderts das Stadtrecht. Die Heringsfischer mit ihren rund 300 Booten sowie ab 1603 der Aufschwung durch die VOC ließen Enkhuizen aufblühen und zu einer (nach damaligen Verhältnissen) Großstadt mit 25 000 Einwohnern heranwachsen. Wie in Hoorn begann jedoch mit der Konkurrenz aus Amsterdam und England auch hier langsam der wirtschaftliche Niedergang, was Enkhuizen (und übrigens auch Hoorn) den Ruf einer »toten Stadt an der Zuiderzee« einbrachte.

14

ABENTEUER ZUIDERZEEMUSEUM

Für das Zuiderzeemuseum in Enkhuizen gilt: unbedingt ansehen und viel Zeit mitbringen! Die interessanten Dauer- und Wechselausstellungen faszinieren Groß und Klein, und darüber hinaus werden zahlreiche lustige Aktivitäten für Kinder angeboten. Die Anlage besteht aus einem weitläufigen Freiluftmuseum am Kompaniehafen und einem Binnenmuseum einige Gehminuten südlich davon. Das Museum ist täglich von 10 bis 17 Uhr geöffnet und hat am Südrand der Stadt direkt an der N307 (Damm zwischen Enkhuizen und Lelystad) einen großen Parkplatz (Sluisweg, GPS 52.693278, 5.280079), auf dem auch Wohnmobile keine Parkprobleme haben werden. Vom Parkplatz gelangt man mit dem Boot ins Museum.

Tipp

Sollten die Kleinen noch nicht genug haben, bietet sich ein Besuch des Märchenwunderlandes in Enkhuizen an. Hier können sich die Kleinsten zwischen bekannten und weniger bekannten Märchen im Wald, in einem lustigen Zwergendorf, auf einem klassichen Spielplatz und in einem Kinderbauernhof austoben. Vorstellungen, Restaurants und Geschäfte runden das Angebot ab (sprookjeswonderland.nl).

Zuiderzeemuseum in Enkhuizen

AUF EINEN BLICK

Info

STADT/REGION: Hoorn, Enkhuizen, Noord-Holland
BESTE REISEZEIT: Mai, Juni, September
OPTIMALE REISEDAUER: 3–4 Tage
TOURISTINFO: Hoorn: Touristeninformation Punt Hoorn, Schuijteskade 1, 1621 AM Hoorn, Tel. +31 (0)229/85 57 61, hoorn.nl/toerisme; Enkhuizen: Tussen Twee Havens 1, 1601 EM Enkhuizen, Tel. +31 (0)228/31 31 64, visitenkhuizen.nl

SEHENSWÜRDIGKEITEN

HAUPTTURM: Hoofd 17–3, 1621 AM, 1621 Hoorn, hoofdtoren.nl
MUSEUM DES 20. JAHRHUNDERTS: Krententuin 24, 1621 DG Hoorn, Tel. +31 (0)229/21 40 01, museumhoorn.nl
WAAG: Roode Steen 8, 1621 CV Hoorn
WESTFRIESISCHES MUSEUM: Roode Steen 1, 1621 CV Hoorn, wfm.nl
MUSEUMSHAFEN: Heritage Sailing Center, Schuijteskade 22, 1621 DE Hoorn, Tel. +31 (0)6/28 68 08 81, varenderfgoedhoorn.nl
MUSEUMSEISENBAHN: Van Dedemstraat 8, 1624 NN Hoorn, Tel. +31 (0)229/25 52 55, stoomtram.nl/de
KOEPOORT: Westerstraat 294, Ecke Oranjestraat, 1601 AS Enkhuizen
DROMMEDARIS: Paktuinen 1, 1601 GD Enkhuizen, Tel. +31 (0)228/31 20 76, drom.nl
ZUIDERZEEMUSEUM: Wierdijk 12–22, 1601 LA Enkhuizen, Tel. +31 (0)228/35 11 11, zuiderzeemuseum.nl/de/10/home
FLASCHENSCHIFFSMUSEUM: Zuiderspui 1, 1601 GH Enkhuizen, Tel. +31 (0)228/31 85 83, flessenscheepjesmuseum.nl

CAMPING 'T VENHOP

ADRESSE: De Hulk 6a, 1647 DR Berkhout, Tel. +31 (0)229/55 13 71, venhop.nl
ANFAHRT: Auf der A7 Ausfahrt N197 Avenhoorn, Scharwoude und an der Kreuzung Richtung N247 Scharwoude; an der Ampel geradeaus bzw. wenn Sie vom Süden kommen, nach rechts. Danach den Wegweisern zum Campingplatz folgen.
GPS: 52.631636, 5.011134

Stellplatz am Abschlussdeich

Mittelgroßer, rund fünf Kilometer westlich von Hoorn gelegener Campingplatz mit Dauercampern, Mietbungalows und einigen wunderschön gelegenen Touristenstellplätzen am Wasser. Gute Infrastruktur.

CAMPING DE VEST

ADRESSE: Noorderweg 31, 1601 PC Enkhuizen,
Tel. +31 (0)6/34 00 26 09, campingdevest.nl
ANFAHRT: Auf der N505 und dann dem Wegweiser Oosterdijk/Sprookjesland folgen, danach geradeaus und am Ende der Straße in einem Bogen nach rechts zum Campingplatz.
GPS: 52.700940, 5.200300
Schöner, entlang der einstigen Stadtbefestigung (Erdwall) gelegener, ruhiger Campingplatz am Nordrand von Enkhuizen. Einfache, aber saubere sanitäre Einrichtungen; circa 1,5 Kilometer vom Stadtzentrum entfernt.

ALTERNATIVE CAMPINGPLÄTZE

Die Campingplätze **ENKHUIZER ZAND** (droomparken.nl) und Alkmaar (siehe Seite 132) sind beide sehr gute Alternativen, falls die Plätze De Vest und 't Venhop voll sind.
Der **WOHNMOBILSTELLPLATZ IN HOORN** an der Marina Grashaven ist im großen Parkplatzareal des Hafens integriert, hat rund 20 nebeneinander gereihte Stellplätze für kleine bis mittelgroße Wohnmobile und keine Infrastruktur. Zwischen den Plätzen ist übrigens kein Raum vorhanden, um einen Stuhl aufzustellen.

AM KOPF VON NOORD-HOLLAND

Den Helder

Am Noordholland-Kanal in Den Helder

15

Wie das Vorderglied eines Daumens streckt sich der »Kopf von Noord-Holland« der Ferieninsel Texel entgegen. Die Region zwischen Den Helder, Huisduinen und Julianadorp gehört zur Verwaltung der Provinz Noord-Holland. Lange Strände, Dünen, Deiche und Polder beherrschen auch hier das Landschaftsbild.

Der Kopf von Noord-Holland wird seit jeher von der Schifffahrt beherrscht. Einst war die schmale Seestraße zwischen Den Helder und Texel das Nadelöhr für Schiffe von den westfriesischen Hafen- und Handelsstädten Hoorn und Enkhuizen. Im 17. Jahrhundert, dem Goldenen Zeitalter der Niederlande, legten von dort die Schiffe der Vereinigten Ostindischen Kompanie (VOC) ab, um Handel mit den baltischen Staaten, dem indischen Subkontinent, Japan und Südostasien zu treiben. Mittelpunkt des Zipfels ist Den Helder.

MARINESTADT DEN HELDER

Dass Den Helder ganz im Zeichen der königlich-niederländischen Marine steht, lässt sich bereits am zentral gelegenen Wohnmobilstellplatz (siehe Seite 148) erahnen. Vom Platz, der sich gleich bei der ehemaligen Werft Willemsoord der niederländischen Marine befindet, haben Sie freie Sicht auf das **Marinemuseum** mit dem begehbaren U-Boot Tonijn im Außenbereich. Ehemalige Besatzungsmitglieder erzählen dort Wissenswertes über den Kalten Krieg. Waffen und Uniformen runden die Ausstellung ab. Ein paar Schritte weiter östlich des Museums befinden sich das Marineinstitut Royal Naval College und der große Marinehafen. Und am Westrand von Den Helder sind im 49 Hektar großen **Fort Erfprins** das Ausbildungszentrum der Marine und ein Militärmuseum untergebracht.

RETTUNGSBOOTMUSEUM Neben den Sehenswürdigkeiten, die sich schwerpunktmäßig mit Marine und Militär beschäftigen, ist das Rettungsbootmuseum, das nur ein paar Schritte südlich des Wohnmobilstellplatzes liegt, eine weitere Attraktion. Besichtigt werden können nicht nur viele legendäre Rettungsboote; absoluter Höhepunkt ist vielmehr der Windtunnel, in dem man hautnah fühlen kann, wie sich Windstärke 10 auf hoher See anfühlt.

15

Eine grüne Oase ist der Botanische Garten **De Groene Parel**, unter anderem mit einem Schmetterlingshaus, einem Glashauskomplex, in dem tropische und subtropische Pflanzen wachsen und einem japanischen Garten im Außenbereich. Und auch das **Fort Harssens**, das mit einer Führung zu besichtigen ist, und das Freiluftmuseum **De Nollen**, ein Natur- und Kunstprojekt, sind lohnenswerte Ziele.

Tipp

In Huisduinen, das sowohl geografisch wie auch administrativ mit Den Helder verbunden ist (es gibt keine klare Grenze zwischen den beiden Orten), ragt der Leuchturm Lange Jaap aus dem Jahr 1877 gen Himmel. Er ist mit über 63 Metern der höchste gusseiserne Leuchtturm in Europa. In seiner Nähe thront oberhalb des Ufers das Fort Kijkduin, das 1811 durch Napoleon errichtet wurde. Heute befinden sich darin ein Museum und ein Meeresaquarium. Ebenfalls in Huisduinen ansässig ist das Atlantikwall Zentrum, in dem die von der deutschen Wehrmacht errichtete, 6000 Kilometer lange Verteidigungslinie zwischen Norwegen und Spanien beleuchtet wird.

Fort Kijkduin

Strand von Callantsoog

AB AN DEN STRAND

Zum Schwimmen und Sonnenbaden sollten Sie einige Kilometer südlich entlang der Küste nach Julianadorp oder Sint Maartenszee fahren oder – noch besser – ins circa 15 Kilometer entfernte **Callantsoog**. Man sieht dem hübschen und populären, knapp 2400 Einwohner zählenden Ferienort nicht mehr an, dass er einst eine Insel war, hervorgerufen durch Überschwemmungen und Wanderdünen. Heute schützen befestigte Dünen und Deiche das Dorf, dessen Basis einst drei Kilometer vom heutigen Ufer entfernt lag und bei einer Flut im Jahr 1570 unterging.

Der breite, einladende Sandstrand ist über mehrere Dünenübergänge zu erreichen und hat alles, was man von einem Badestrand erwartet. Historisches gibt es im kleinen **Heimatmuseum Tante Jaantje**, das in einem der letzten regional typischen Bauernhöfe untergebracht ist. Hier bekommt man eine Vorstellung vom einstigen Leben der Bauern; ausgestellt sind auch verschiedene archäologische Fundstücke und Strandgut, das im Laufe der Jahre an Land geschwemmt wurde. Zudem wird die Entwicklung des Deichbaus beleuchtet. Und zur Erkundung der Dünenlandschaft bietet sich schließlich eine Wanderung durch das Naturschutzgebiet Zwanenwater südlich von Callantsoog an.

Im Zentrum der Stadt Schagen

INSEL TEXEL Den Helder lässt sich gut mit einer Tagestour auf die Insel Texel verbinden (siehe Seite 151 ff.). Der Wohnmobilstellplatz liegt nur ein paar Hundert Meter vom Fährhafen entfernt, und es gibt täglich ein Dutzend Überfahrten, bei denen das Wohnmobil auch mitgenommen werden kann.

Tipp

Genug von der Küste? Wenn Sie zwischendurch einen Tag mal wieder Stadtflair einatmen und Kultur genießen wollen, ist die im Jahr 989 erstmals urkundlich erwähnte Marktstadt Schagen genau der richtige Ort in dieser Region. Am historischen Marktplatz mit der dominanten Großen Kirche im Zentrum gibt es hübsch renovierte Häuser mit Treppengiebeln aus dem 17. und 18. Jahrhundert. Im ehemaligen Schloss, von dem noch zwei Ecktürme erhalten sind, befindet sich unter anderem das Museum Slag van Somme (Schlacht an der Somme, 1916). Ein überaus interessantes Automuseum und diverse Wochen- und Themenmärkte runden das Angebot ab. Und natürlich fehlt es nicht an einladender Gastronomie, vor allem am und um den Marktplatz.

AUF EINEN BLICK

STADT/REGION: Den Helder, Noord-Holland
BESTE REISEZEIT: Ganzjährig
OPTIMALE REISEDAUER: 2–3 Tage
TOURISTINFO: Willemsoord 52a,
1781 AS Den Helder, Tel. +31 (0)223/61 61 00,
willemsoordbv.nl/vvv-top-van-holland.html

SEHENSWÜRDIGKEITEN

MARINEMUSEUM: Hoofdgracht 3, 1781 AA Den Helder,
Tel. +31 (0)85/016 36 90, marinemuseum.nl
RETTUNGSBOOTMUSEUM: Willemsoord 60G, 1781 AS Den Helder,
Tel. +31 (0)223/61 83 20, reddingmuseum.nl
LEUCHTTURMSCHIFF TEXEL: Pontjesbrug Zuidstraat,
1781 BR Den Helder, Tel. +31 (0)6/15 61 31 28, lichtschip-texel.nl
FORT ERFPRINS: Schapendijkje 2, 1782 TG Den Helder,
Tel. +31 (0)223/65 30 00, forterfprins.nl
HELDERS MUSEUM: Borneolaan 1, 1782 DL Den Helder,
Tel. +31 (0)6/28 76 01 64, heldersmuseum.nl
BEELDENFORT: Liniepad 15, 1782 NT Den Helder;
Tel. +31 (0)223/61 23 66, beeldenfort.nl
BOTANISCHER GARTEN: Soembastraat 83, 1782 SM Den Helder,
Tel. +31 (0)223/61 42 06, hortusoverzee.nl

◀ Marinemuseum in Den Helder ▶ Stellplatz am Abschlussdeich

AUF EINEN BLICK

FORT HARSSENS: Bevesierweg, Den Helder, Tel. +31 (0)223/61 81 71, stellingdenhelder.nl
FORT KIJKDUIN: Admiraal Verhuellplein 1, 1789 AX Huisduinen, Tel. +31 (0)223/61 23 66, fortkijkduin.nl
LEUCHTTURM LANGE JAAP: Zeeweg 5, 1789 AC Huisduinen, vuurtorenlangejaap.nl, derzeit geschlossen (Stand 1/2023)
ATLANTIKWALL ZENTRUM: R. W. van de Wintstraat 41, 1789 BB Huisduinen, Tel. +31 (0)223/21 99 99, atlantikwallcentrum.nl
FÄHRE NACH TEXEL: teso.nl
HEIMATMUSEUM TANTE JAANTJE: Dorpsplein 33, 1759 GM Callantsoog, Tel. +31 (0)224/58 22 28, tantejaantje.nl

WOHNMOBILSTELLPLATZ WILLEMSOORD

ADRESSE: Willemsoord 41, 1781 AS Den Helder, Tel. +31 (0)6/54 92 85 47, jachtwerfwillemsoord.nl
ANFAHRT: Auf der N250 durch Den Helder Richtung Fähre nach Texel und bei der Hebebrücke dem Wegweiser Willemsoord folgen.
GPS: 52.961350, 4.769439
Sehr guter Wohnmobilstellplatz auf einem Parkplatz, mit Raum zwischen den Stellplätzen, um auch einmal einen Stuhl aufzustellen. Maximal zwei Übernachtungen. Entsorgung von Grauwasser und Chemie-Toilette; Stromanschluss mit Münzen, erhältlich im Hafenbüro. Gratis Wi-Fi, Dusche und WC.

◀ Wohnmobilstellplatz Willemsoord ▶ Camping Aan Noordzee

Camping De Nollen

CAMPING DE NOLLEN

ADRESSE: Westerweg 8, 1759 JD Callantsoog,
Tel. +31 (0)224/58 12 81, denollen.nl
ANFAHRT: Auf der N9 Ausfahrt Callantsoog; nach circa 3,5 Kilometern geht es rechts zum Campingplatz (ausgeschildert).
GPS: 52.840607, 4.719416
Gepflegter, sehr großer Campingplatz in guter Lage mit sehr guter Infrastruktur für Camper. Verschiedene Mietobjekte und Restaurant.

CAMPING AAN NOORDZEE

ADRESSE: Westerduinweg 31, 1753 KA Sint Maartenszee,
Tel. +31 (0)224/56 31 09, aannoordzee.nl
ANFAHRT: Auf der N9 Ausfahrt Sint Maartenszee, dann an der Küstenstraße nach rechts bis zum Campingplatz (zweite Einfahrt, blaue Boje!).
GPS: 52.799945, 4.694332
Weitläufiger Campingplatz, auf dem Dauercamper von den Touristenplätzen getrennt sind. Geräumige Stellplätze auf Gras mit Hecken an drei Seiten. Privates Sanitärhäuschen, allerdings etwas alt. Gratis Wi-Fi.

ALTERNATIVE CAMPINGPLÄTZE

In und um Callantsoog, Sint Maartenszee und Julianadorp gibt es ein Dutzend Campingplätze in allen Größen. Einen guten Ruf haben der große **CAMPINGPLATZ TEMPELHOF** (tempelhof.nl) und von den kleineren Plätzen **DE ZEEMAN** (campingzeeman.nl) fast nebenan.

WATTENINSELN

Texel, Vlieland, Terschelling, Ameland, Schiermonnikoog

Auf der Leuchtturmdüne von Vlieland

16

Inmitten des Wattenmeers, dieses einzigartigen Naturparadieses, das als Weltnaturerbe geschützt ist, liegen auf niederländischer Seite fünf bewohnte Watteninseln, die sich mit ihren Sandbänken wie eine Perlenkette aneinanderreihen (die auf deutscher Seite mit Sandbänken und den sieben bewohnten ostfriesischen Inseln fortgesetzt wird). Im Gegensatz zu Letzteren sind die niederländischen Watteninseln allerdings tideunabhängig erreichbar.

Das Wattenmeer, ein rund 9000 Quadratkilometer großer Teil der Nordsee zwischen dem niederländischen Den Helder und dem dänischen Skallingen, wechselt zweimal täglich drastisch sein Erscheinungsbild. Bei Flut bedeckt es das Watt, das sich bei Niedrigwasser mit all seinen Schönheiten zeigt. Dann kann man zu Fuß vom niederländischen Festland auf die vorgelagerten Inseln laufen – allerdings nur mit einem ortskundigen Führer, denn das Watt hat nicht nur bezaubernde, sondern auch heimtückische Stellen, und der Schlick macht die Wanderung nicht gerade zu einem Spaziergang.
Täglich gibt es mindestens zwei Verbindungen vom Festland zu jeder der fünf niederländischen Insel. Zwischen ihnen besteht allerdings kein Fährbetrieb, lediglich Vlieland ist von Texel aus während der Urlaubssaison mit einem Personenboot erreichbar. Auf Texel und Terschelling gelangt man auch mit dem Wohnmobil, Vlieland und Schiermonnikoog sind fast autofrei, und für Ameland benöigen Touristen eine Sondergenehmigung, um mit dem Camper auf die Insel zu kommen. Zum Inselhüpfen bleibt eigentlich immer nur der Weg über das Festland, was aber aufgrund der kurzen Abstände und regelmäßigen Fährverbindungen kein Problem darstellt.

DIE GRÖSSTE: TEXEL

Am einfachsten zu erreichen ist Texel, eine Ferieninsel par excellence und mit rund 162 Quadratkilometern und knapp 14 000 Einwohnern das flächenmäßig größte und einwohnerreichste Eiland im niederländischen Wattenmeer. Mehrmals täglich setzt eine Autofähre von Den Helder zur Insel über. Nach etwa 20 Minuten warten reizvolle Naturschutzgebiete mit Dünentälern und Heideflächen, ausgedehnte Polderlandschaften, endlos lange Sandstrände und gemütliche Dörfer auf die Besucher.

16

Tipp

Einer der Höhepunkte der Insel ist das Naturmuseum und Seehundezentrum Ecomare in De Koog. Highlight dieser Auffangstation für verwaiste Seehunde und Robben ist die täglich Fütterung im Außenbereich, aber nicht weniger reizvoll sind die Meeresaquarien, die mit zahlreichen Fischarten, Schalentieren, Seesternen und anderen Meeresbewohnern einen guten Einblick in die Unterwasserwelt des Wattenmeeres und der Nordsee geben. Ebenso faszinierend ist der Saal der Wale mit Skeletten von Pottwalen und Delfinen, die vor der Insel gestrandet und verendet sind. Im Zentrum werden viele Aktivitäten angeboten – etwa Exkursionen ins Watt mit fachkundiger Begleitung oder das Meereslaboratorium, in dem Kinder Interessantes unter dem Mikroskop entdecken können. Übrigens: Mit dem Eintritt und weiteren Aktionen wie der Adoption eines Seehundbabys unterstützen Sie die wichtige Arbeit der Auffangstation.

Für die restliche Zeit bieten sich Vogelbeobachtungen in den zahlreichen Naturschutzgebieten an, Radtouren auf dem ausgezeichneten Radwegenetz, kurze oder lange Strandspaziergänge, Baden, Chillen, der Besuch des **Luftfahrtmuseums** oder ein Bummel durch die gemütlichen Ortskerne von Den Hoorn, Den Burg, De Koog oder Oosterend – Texel hat ein abwechslungsreiches touristisches Angebot. Im Sommer kann man für einen Tagesausflug auch mit dem Boot auf die Nachbarinsel Vlieland gelangen.

◀ Schafwollprodukte ▶ Bierbrauerei Texels

Naturgebiet De Slufter auf Texel

SCHAFWOLLE Eines der zwei Produkte, die in Texel überall zu finden sind, ist Schafwolle. Rund 14 000 Inselschafe liefern hochwertige Wolle für verschiedene Endprodukte, die in speziellen Geschäften, beispielsweise Texelana, auch gekauft werden können.

BIER Eine Handvoll Brauereien stellt auf Texel liebevoll und fachkundig Bier mit natürlichem Wasser aus den Dünen her – so jedenfalls vermittelt es das Marketing. Wie die Biere mit den oft außergewöhnlichen Namen – Sturmbock, Nordwind, Rauher Mönch, Tequila Mexican Blond oder Island Pale Ale – schmecken, erfahren Sie direkt bei den Brauereien (texels.nl, brouwerijtx.nl, biervantexel.nl) – und natürlich auch in den Restaurants und Kneipen der Insel.

DIE MALERISCHE: VLIELAND

Schon die Anreise von Texel auf die knapp 36 Quadratkilometer große Insel Vlieland ist ein Abenteuer. Zunächst geht es mit einem kleinen Personenboot von der Anlegestelle nördlich von De Cooksdorp zur Sandbank Vliehors im Westen Vlielands, die teilweise auch militärisch genutzt wird, dann mit einem geländefähigen Wattfahrzeug der Marke Unimog samt Sitzbänken auf der überdachten Ladefläche quer über die Sandbank

Im Zentrum von Oost-Vlieland

zum **Hotel Posthuys**. Es war das einstige Posthaus, in dem die Postreiter auf dem Weg von und nach Amsterdam die Pferde wechseln konnten. Heute werden nebenan nur noch Drahtesel mit oder ohne Elektroantrieb vermietet, um ins acht Kilometer entfernte Dorf **Oost-Vlieland** zu radeln. Das malerische Inseldorf wurde 1245 zum ersten Mal erwähnt und besteht heute noch – im Gegensatz zum Dorf West-Vlieland, das nach mehreren Überschwemmungen Mitte des 18. Jahrhunderts aufgegeben wurde und allmählich verschwand.
Oost-Vlieland war lange Zeit von Fischern und Bauern bewohnt, bis im 17. Jahrhundert die Handelsflotten der Niederlande das Eiland als Anlege- und Versorgungsplatz nutzten. So kamen auch Seeleute, Soldaten und Offiziere auf die Insel. Im heutigen Museum in **Tromp's Huys** befand sich das einstige Admiralskontor zur Überwachung der Handelsschiffe. Ein paar Häuser weiter, in Nummer 125, sind das Museum **Het Reddingshuisje** (Rettungshaus) und nebenan die Touristeninformation untergebracht, in Nummer 150 das Naturzentrum **De Noordwester** mit Meeresaquarium. Ein weiteres interessantes Haus aus dem Jahr 1662 steht neben der Kirche Sankt Nicolas: Das ehemalige Pfarrhaus wurde bis Mitte des 20. Jahrhunderts als Armen-, Witwen und Waisenhaus genutzt.

VUURBOETSDUIN Am Westrand des Dorfes erhebt sich die 45 Meter hohe Vuurboetsduin (Leuchtturmdüne) mit einem rund zehn Meter hohen Leuchtturm, der in den Sommermonaten für Besucher offen steht. Doch auch schon der schöne Ausblick vom Fuß des Turms genügt vielen Besuchern.

16

DIE ARTENREICHE: TERSCHELLING

Terschelling ist mit 83 Quadratkilometern fast so groß wie seine Nachbarn Vlieland und Ameland zusammen und hat rund 5000 Einwohner. Die Insel ist im Bereich der Flora mit mehr als **600 Wildpflanzen** sehr artenreich, worunter sich seltene Orchideenarten befinden. Landschaftlich unterscheidet sich der nördliche Inselrand sehr vom Rest der Insel. Denn die Basis war eine Sandbank, die durch permanente Anspülung von Sedimenten stetig größer wurde und schließlich mit der benachbarten Sandbank zusammenwuchs. Durch Sturmfluten veränderte sich das Landschaftsbild beträchtlich, auch das Wattenmeer bildete sich so heraus. Sand, der bei Sturmfluten freigesetzt wurde, lagerte sich vor allem am nördlichen Inselrand ab und türmte sich allmählich zu höheren Dünen auf. Die Sandablagerungen und Verschiebungen brachten Terschelling einen heute 30 Kilometer langen und bis zu einem Kilometer breiten Strand im Norden ein und eine für die Inselgröße **imposante Dünenkette**. Die Kette trennt den Nordstrand vom restlichen Land, das von Agrarflächen, etwa einem Dutzend Dörfern und Salzwiesen, die als Brut- und Rastplätze für viele Vogelarten dienen, geprägt wird.

Blick auf Terschelling

16

CRANBERRY-PRODUKTE Wie die nordamerikanische Cranberry, eine Vitamin-C-Bombe, auf die Insel kam, dazu gibt es gleich mehrere Geschichten. Plausibel ist jene, in der ein Fass mit Cranberrys an Land gespült wurde. Der Finder war aber mehr am Fass als am Inhalt interessiert und schüttete die Beeren einfach in die Dünen, wo sie Wurzeln schlugen. Die weitere Entwicklung ist heute in kultivierten Anbauflächen sichtbar, und die Produkte sind in Geschäften, Restaurants und Unterkünften erhältlich, von Marmelade über Gin bis hin zu Tee, Likör, Fruchtsaft oder Limonade. Am besten probieren Sie einfach alle mal aus!

Terschelling kam nach mehreren Besitzerwechsel 1814 zur niederländischen Provinz Noord-Holland. Im Zweiten Weltkrieg besetzten deutsche Truppen die Insel, da man eine Invasion der Alliierten an diesem Küstenstreifen erwartete. Zur Überwachung errichtet man auch eine Radarstation, von der allerdings kaum noch etwas erhalten geblieben ist, ebenso wenig wie von den Bunkern in den Dünen. Nach dem Krieg wurde die Insel der Provinz Friesland mit der Hauptstadt Leeuwarden zugeordnet, mit der es noch heute administrativ und wirtschaftlich verbunden ist. Seitdem

Terschellinger Strand

◀ Café Bessenschuur auf Terschelling ▶ Deichschafe am Wattenmeer

entwickelte sich die Insel zu einem lebendigen Ort, was vor allem dem Tourismus, der Einnahmequelle schlechthin, zu verdanken ist. Trotzdem gibt es auch noch viele Fischer, die mit ihren Booten täglich hinaus auf die Nordsee fahren.

Terschelling zieht Jung und Alt gleichermaßen an. Die Infrastruktur ist bestens, das Freizeit-, Veranstaltungs- und Sportangebot sehr abwechslungsreich, sodass keine Langeweile aufkommen wird. Für die ältere Generation gibt es viele Möglichkeiten zur Erholung, für Teenager und Co. viele Events zum Feiern und Spaßhaben.

Tipp

Veranstaltungen auf den Watteninseln finden vor allem in den Sommermonaten statt. Auf Texel etwa wird jedes Jahr im Juli der »Landboudagen« (Landbautag) mit Reitwettbewerb und einem Bauernmarkt mit regionalen Schmankerln abgehalten. Auf Vlieland beliebt ist das »Beach Festival« unter dem Motto »Tanzen mit den Zehen im Sand«. Im Juni findet auf Terschelling das »Festival Oerol« statt, eine zehn Tage dauernde Veranstaltung mit (Straßen-)Theater, bildender Kunst und viel Musik. Ameland ist bekannt für sein zweitägiges Festival »Horizontoer« mit Kleinkunst auf der Straße, Musik und Kabarett. Oder wie wäre es, einmal das »Yoga-Festival« auf Schiermonnikoog mitzumachen? Was, wann wo stattfindet, können Sie auf der Webseite der jeweiligen Insel nachlesen.

DIE ROMANTISCHE: AMELAND

Ameland, das mit Walfang zu einem gewissen Wohlstand kam, ist mit seinen intakten historischen Häusern und romantischen Ortskernen der kleinen Dörfer am reizvollsten und vor allem für Ruhe Suchende der »place to be«. Die Überfahrt mit der Fähre ab Holwerd dauert etwa 50 Minuten, mit dem Schnellboot verringert sich die Fahrt um die Hälfte.

Kapitänshaus auf Ameland

Hauptort ist **Nes**, das nahe der Fähranlegestelle liegt. Hier befinden sich unter anderem die Touristeninformation, ein Naturkundemuseum, wunderschöne **Kapitänshäuser** und ein Friedhof mit sehenswerten Grabsteinen von Walfängern. Gen Westen hin gelangt man zu den Dörfern **Ballum** und **Hollum**. Während Ballum weniger touristisch frequentiert ist, aber eine schöne historische Architektur im Kern aufweist, punktet Hollum mit dem **Leuchtturm Bornrif** aus dem Jahr 1880. Er ist der Besuchermagnet schlechthin und kann gegen Gebühr bestiegen werden. Dabei sollte allerdings nicht übersehen werden, dass es im historischen Zentrum des Ortes selbst ebenfalls gepflegte alte Kapitänshäuser gibt. Das Rettungsbootmuseum und die Museumsmühle runden das Angebot ab.

BADESTRÄNDE Im Osten in und um das Dorf Buren hat sich eine touristische Infrastruktur entwickelte, vor allem mit Ferienlagern für Kinder und Jugendliche in den Sommerferien. Vor allem die Nord- und Westküste werden von feinsandigen Badestränden geprägt, während die Südküste größtenteils von Menschenhand gestaltet wurde. Der Ostzipfel steht unter Naturschutz!

16

DIE SCHÖNE: SCHIERMONNIKOOG

Still, dünn bevölkert, natürlich und romantisch zu fast jeder Tageszeit: Schiermonnikoog ist mit einer Ausdehnung von 16 mal vier Kilometern und knapp 1000 Einwohnern das Nesthäkchen unter den fünf bewohnten Watteninseln. Weitgehend autofrei, wurde sie 2006 zu einem der schönsten Plätze der Niederlande gewählt. Mittelpunkt ist das gleichnamige **Dorf Schiermonnikoog** im Westen der Insel, etwa 3,5 Kilometer von der Fähranlegestelle entfernt und mit dem Rad leicht erreichbar. Im historischen Kern des Ortes wurden zwei **Walfischzähne** aufgestellt, die ein beliebtes Fotomotiv sind. Dahinter steht im Park vor dem **Willemshof** die Statue eines schieren Zisterziensermönches, der bereits alles über den außergewöhnlichen (und schwer auszusprechenden) Inselnamen verrät: »Schier« bedeutet grau, »monnik« ist das niederländische Wort für Mönch und »oog« das friesische für Insel.

Neben Baden ist die »Insel der grauen Mönche« eine Oase für Strandspaziergänger, Ruhe Suchende und Naturliebhaber und der größte Teil als Nationalpark geschützt. Die Fähre von Lauwersoog auf dem Festland, wo es einen riesigen Parkplatz auch für Campingfahrzeuge gibt (übernachten verboten!), braucht circa 45 Minuten, das Schnellboot schafft die Strecke in 20 Minuten. Obwohl es mit den Booten jede halbe Stunde eine Verbindung gibt, sollte man vor allem in der Hauptsaison das Ticket online kaufen, denn die Nachfrage ist groß.

◀ Walfischzähne im Inseldorf ▶ Der Leuchtturm auf Schiermonnikoog

16

FESTLAND UND INSEL KOMBINIEREN

Am niederländischen Festland sind natürlich vorwiegend jene Orte interessant, von denen aus die Fähren zu den Watteninseln übersetzen und die sich deshalb mit einem Inselausflug kombinieren lassen. Am interessantesten sind die Städte **Den Helder** (siehe Seite 142 ff.) und **Harlingen**, das nach Den Helder nicht nur die zweitgrößte Stadt an der Festlandküste ist, sondern auch das reizvollste.

Das Kleinstädtchen mit rund 16 000 Einwohnern war lange Zeit das Zentrum der Krabbenfischerei, die der Stadt zu ansehnlichem Wohlstand verhalf, was an vielen Gebäuden im historischen Zentrum noch gut zu sehen ist. Heute spielt die Fischerei nur noch ein Nebenrolle – auch hier hat der Tourismus Einzug gehalten. Harlingen ist das Tor zum Wattenmeer sowie zu den vorgelagerten westfriesischen Watteninseln Vlieland und Terschelling. Vom modernen Fährhafen aus gibt es täglich Verbindungen zu den Inseln, vom alten Fischerhafen werden Ausflüge mit Boot oder Kajak in das Wattenmeer organisiert. Südlich vom neuen Hafen befinden sich ein Badestrand mit Liegewiese und ein Campingplatz entlang des Deichs.

Harlinger Strand

Fähre von Den Helder nach Texel

Wer etwas mehr Zeit und Lust hat, kann einen Tagesausflug ins circa zwölf Kilometer entfernte Franeker mit dem berühmten Eisinga-Planetarium machen. Interessant ist auch ein Besuch der hübschen Provinzhauptstadt von Friesland, Leeuwarden. Sie ist 28 Kilometer entfernt und kann mit einem Dutzend interessanter Sehenswürdigkeiten und einem historischen Zentrum mit guter Gastronomie aufwarten.

Tipp

Eher als Fähranlegestelle einzustufen sind Holwerd und Lauwersoog, in deren Nähe sich aber interessante Orte und Sehenswürdigkeiten befinden, etwa die friesische Kleinstadt **Dokkum** nahe Holwerd, die Seehundestation **Pieterburen** nahe Lauwersoog oder das Aktivitätenzentrum Lauwersmeer, von wo aus Touren in den **Nationalpark Lauwersmeer** angeboten werden. Und rund 45 Kilometer entfernt liegt die Provinzhauptstadt **Groningen**, ebenfalls ein lohnenswertes Ausflugsziel für alle, die mehr sehen wollen.

Im Sommer gibt es neben den Fähren zusätzlich ein Personenboot von Texel nach Vlieland und ein Taxiboot von Vlieland nach Terschelling. Außerhalb der Saison kann es schon mal vorkommen, dass vor allem Taxiboote nicht eingesetzt werden. Die Mitnahme des Wohnmobils ist nur nach Texel und Terschelling möglich. Eine Reservierung für den Camper, aber auch für das Fährticket ist unbedingt anzuraten. Und bringen Sie ein Fahrrad mit, denn die Mietpreise vor Ort sind meist höher als im Rest des Landes.

Tipp

AUF EINEN BLICK

Info

INSEL/PROVINZ: Texel/Noord-Holland, Vlieland, Terschelling, Ameland/Friesland, Schiermonnikoog/Groningen
BESTE REISEZEIT: Mai, Juni, September
OPTIMALE REISEDAUER: 2–3 Tage pro Insel
TOURISTINFO: Texel: Emmalaan 66, 1791 AV Den Burg, Tel. +31 (0)222/31 47 41, texel.net/de; Vlieland: Dorpsstraat 127, 8899 AE Oost-Vlieland, Tel. +31 (0)562/45 27 00, vlieland-info.nl; Terschelling: Willem Barentszkade 19 A, 8881 BC West-Terschelling, Tel. +31 (0)562/44 30 00, vvvterschelling.nl; Ameland: Bureweg 2, 9163 KE Nes, Tel.+31 (0)519/54 65 46, vvvameland.nl; Schiermonnikoog: Reeweg 9, 9166 PW Schiermonnikoog, Tel. +31 (0)519/53 12 33, vvvschiermonnikoog.nl
FÄHREN: Texel: ab Den Helder, teso.nl; Vlieland, Terschelling: ab Harlingen, rederij-doeksen.nl; Ameland: ab Holwerd, wpd.nl; Schiermonnikoog: ab Lauwersoog, wpd.nl

SEHENSWÜRDIGKEITEN

ECOMARE: Ruijslaan 92, 1796 AZ De Koog, Texel, Tel. +31 (0)222/31 77 41, ecomare.nl
LUFTFAHRTMUSEUM: Postweg 126, 1795 JS De Cocksdorp, Texel, Tel. +31 (0)222/31 16 89, lomt.nl
MUSEUM KAAP SKIL: Heemskerckstraat 9, 1792 AA Oudeschild, Texel, Tel. +31 (0)222/31 49 56, kaapskil.nl
SCHAFMUSEUM: Hoornderweg 29, 1791 PM Den Burg, Texel, Tel. +31 (0)222/31 50 90, schapenmuseum.nl
TROMP'S HUYS: Dorpsstraat 99, 8899 AD Oost-Vlieland, Tel. +31 (0)562/45 16 00, trompshuys.nl
HET REDDINGSHUISJE: Dorpsstraat 125, 8899 AE Oost-Vlieland
NATURZENTRUM DE NOORDWESTER: Dorpsstraat 150, 8899 AN Oost-Vlieland, Tel. +31 (0)562/45 17 00, denoordwester.nl
KIRCHE SINKT NICOLAAS: Kerkplein 7, 8899 AW Oost-Vlieland

◀ Ecomare ▶ Tromp´s Huys

LEUCHTTURM: Vuurboetsduin 2, 8899 AT Oost-Vlieland
NATURMUSEUM UND MEERESAQUARIUM: Burgemeester Reedekerstraat 11, 8881 BZ West-Terschelling, Tel. +31 (0)562/44 23 90, natuurmuseumterschelling.nl
RETTUNGSBOOTMUSEUM: Willem Barentszkade, 8881 BV West-Terschelling, museumreddingboot-terschelling.nl
BUNKERMUSEUM: Tigerpad 5, 8881 GB West-Terschelling, Tel. +31 (0)562/85 07 32, bunkersterschelling.nl
MUSEUM HET BEHOUDEN HUYS: Commandeurstraat 30, 8881 BB West-Terschelling, Tel. +31 (0)562/44 23 89, behouden-huys.nl
NATURKUNDEZENTRUM AMELAND: Strandweg 38, 9163 GN Nes, Tel. +31 (0)519/54 27 37, amelandermusea.nl
LEUCHTTURM BORNRIF: Oranjeweg 57, 9161 CB Hollum, Tel. +31 (0)519/54 27 37, amelandermusea.nl
BUNKERMUSEUM: Oranjeweg 65, 9161 CB Hollum, Tel. +31 (0)519/54 27 37, amelandermusea.nl
ZUIDERTOREN: Leuchtturmmuseum, Torenstreek 22, 9166 LK Schiermonnikoog, museumzuidertoren.nl
MUSCHELMUSEUM: Martjeland 14, 9166 LS Schiermonnikoog, Tel. +31 (0)519/53 16 63, schelpenmuseum.nl
BUNKERMUSEUM: Prins Bernhardweg 4, 9166 SH Schiermonnikoog, Tel. +31 (0)519/53 17 01, bunkermuseum.wordpress.com/
NATIONALPARK LAUWERSOOG: np-lauwersmeer.nl/deutsche-informationen

AUF EINEN BLICK

CAMPINGPLÄTZE AUF TEXEL

Auf der Insel Texel gibt es rund 20 Campingplätze über die gesamte Insel verteilt; hier eine kleine Auswahl:

Einen Steinwurf vom populären Badestrand entfernt liegt **CAMPING KOGERSTRAND** mit sehr guter Infrastruktur. Näher an den Strand mit dem Wohnmobil kommen Sie auf Texel kaum noch. Die Lage hat allerdings auch ihren Preis. Badweg 33, 1796 AA De Koog, Tel. +31 (0)222/39 01 12, krim.nl/camping-kogerstrand

Etwas preisgünstiger und ruhiger ist **CAMPING DE WADDENSTER** mit privaten Sanitärhäuschen. Van der Sterrweg 6, 1797 SV Den Hoorn Texel, Tel. +31 (0)6/50 48 12 66, waddenstertexel.nl

Ein paar Meter entfernt, aber ebenfalls günstiger und ruhiger als der Erstgenannte ist **CAMPING DE TERP** mit einfacher Infrastruktur. Van der Sterrweg 11, 1797 SV Den Hoorn, Tel. +31 (0)6/41 85 88 10, deterptexel.com

CAMPINGPLÄTZE AUF TERSCHELLING

Auch auf Terschelling gibt es gut 20 Campingplätze, die größtenteils auf Camper mit Zelt eingestellt sind. Zusätzlich haben sie oft Bungalows und luxuriöse Glampingzelte zum Mieten. Auf welchen Plätzen Sie mit Ihrem eigenen Wohnmobil stehen und wie hoch die maximale Größe und das Gewicht sein dürfen, darüber sollten Sie sich vorab beim Camingplatzbetreiber informieren. Unter vvvterschelling.nl/camperplaatsen-op-terschelling finden Sie eine aktuelle Liste mit Plätzen für Camper. Meine Empfehlung ist allerdings, auf dem Festland in Harlingen (siehe unten) zu bleiben und das Rad auf die Insel mitzunehmen.

WOHNMOBILSTELLPLATZ HARLINGEN

ADRESSE: Nieuwe Vissershaven 8, 8861 NX Harlingen

ANFAHRT: Auf der N390 und nach bzw. vor der Schleuse nach links bzw. rechts.

GPS: 53.179667, 5.417550

Stellplatz auf einem umzäunten Parkplatz mit wenig Raum zwischen den Wohnmobilen. Keine Infrastruktur.

Camping auf Terschelling

Alternative: **CAMPING DE ZEEHOEVE**, Westerzeedijk 45, 8862 PK Harlingen, Tel. +31 (0)517/41 34 65, zeehoeve.nl

CAMPING ZEE VAN TIJD

ADRESSE: It Keechje 5, 9151 HC Holwerd, Tel. +31 (0)519/54 30 03, campingzeevantijd.nl

ANFAHRT: Auf der N350, kurz nach der Ortseinfahrt in Höhe der Kirche geht es zum ausgeschilderten Campingplatz.

GPS: 53.370432, 5.897345

Am nördlichen Ortsrand von Holwerd gelegener Campingplatz, circa drei Kilometer von der Fähre nach Ameland entfernt. Gepflegt; kleine, zweckmäßige Infrastruktur.

CAMPING LAUWERSOOG

ADRESSE: Strandweg 1, 9976 VS Lauwersoog, Tel. +31 (0)519/34 91 33, siblu.nl/camping/nederland/waddenzee/lauwersoog

ANFAHRT: Auf der N361. Die Route zum Campingplatz ist ausgeschildert.

GPS: 53.404022, 6.212923

Zwei Kilometer von der Fähre nach Schiermonnikoog entfernt gelegener Campingplatz mit guter Infrastruktur.

ORTS- UND SACHREGISTER

Aan Zee 112 ff.
Aardenburg 39
Abschlussdeich 135
Alkmaar 126 ff.
Ameland 157 f.
Amsterdam 100 ff.
Amsterdamse Waterleidingduinen 86, 96

Ballum 158
Beemster 121 ff.
Bergen 113
Bloemendaal aan Zee 95
Breskens 35
Broek op Langedijk 131
Brouwersdam 47
Brouwershaven 59
Bruinisse 59
Burgh-Haamstede 47
Burgsluis 49

Cadzand-Bad 35 f.
Cadzand-Dorf 36
Callantsoog 145
Castricum aan Zee 114
Craft 131

De Rijp 121, 131
Delft 78
Deltapark Neeltje Jans 49
Den Haag 72 ff.
Den Helder 142 ff., 160
Dokkum 161
Domburg 14 ff.
Dreischor 59
Driehuizen 131

Ecomare 152
Egmond aan den Hoef 113
Egmond aan Zee 113
Egmond-Binnen 113
Enkhuizen 138 f.

Franeker 161

Gemaal Cruquius 93 f.
Geversduin 115
Goedereede 50
Goeree-Overflakkee 50
Goes 26
Gouda 69
Groede 37
Groningen 161

Haarlem 90 ff.
Hargen aan Zee 114
Harlingen 160
Hollum 158
Holwerd 157
Hoorn 134 ff.
Huisduinen 144

Ijsselmeer 108

Julianadorp 145

Kamperland 25
Katwijk 86 f.
Keukenhof 85
Kinderdijk 68
Knokke-Heist 43
Kralinger See 67

Lauwersoog 161
Leeuwarden 161
Leiden 82 ff.

Madurodam 76
Marken 123
Markermeer 123
Medemblik 137
Middelburg 22 ff.
Monnikendam 123
Muiden 108

Nationalpark Lauwersmeer 161
Nationalpark Zuid-Kennemerland 95
Naturschutzgebiet Meijendel 86
Nes 158
Noord-Beveland 25
Noordgouwe 59
Noordwijk 86
Nordholländisches Dünenreservat 114

Oost-Vlieland 154
Oostburg 38
Oostkapelle 17
Ouddorp 50

Pampus 108
Pieterburen 161

Renesse 48
Rotterdam 62 ff.

Schagen 146
Schermer 121 ff.
Scheveningen 77
Schiermonnikoog 159

Schoorl 114
Schouwen-Duiveland 46 ff.
Sint Anna ter Muiden 43
Sint Maartenszee 145
Sluis 41 f.
Spaarndam 93
Space Expo Center 87
Sturmflutmuseum 59

Terschelling 155 ff.
Texel 151 ff.

Veere 25
Vereinigte Ostindische Kompanie 135
Vlieland 153 f.
Vlissingen 28 f.
Volendam 123

Walcheren 14 ff., 22 ff.
Watteninseln 150 ff.
Wattenmeer 151
Westenschouwen 47
Westkapelle 19
Wijk aan Zee 115 f.

Yerseke 26

Zaandam 120 ff.
Zaandijk 121
Zaanse Schans 121
Zandvoort 86
Zeeuws-Vlaanderen 34 ff.
Zierikzee 54 ff.
Zuid-Beveland 26
Zuiderzee 135
Zuiderzeemuseum 139

CAMPING- UND STELLPLÄTZE

CP. de Akker, Wormer 124 f.
CP. Den Haag 80
CP. 't Veerse Meer, Wolphaartsdijk 33
CP. Zeeland, Kamperland 21
C.Pl. Klein Amerika, Gouda 71
C.Pl. Schiedam 71
C. aan Noordzee, Sint Maartenszee 149
C. Alkmaar 132 f.
C. Bloemendaal, Overveen 99
C. Dapperhof, Burgh-Haamstede 52
C. de Duinrand, Zandvoort 98
C. de Hof van Eeden, Warmond 89
C. de Kornmolen, Zevenhuizen 81
C. de Lakens, Overveen 98 f.
C. de Nollen, Callantsoog 149
C. de Schelp, Domburg 20 f.
C. de Toren, Zierikzee 61
C. de Vest, Enkhuizen 141
C. de Zonnehoeve, Egmond aan den Hoef 133
C. Duinrell 80
C. Kloet, Zierikzee 61
C. Lauwersoog 165
C. Noorddorperbos, Heemskerk 119
C. Noordduin, Domburg 20 f.
C. Noorthey, Leidschendam 81
C. Op Hoop van Zegen, Noordwijkerhout 89
C. 't Venhop, Berkhout 140 f.
C. Vliegenbos, Amsterdam 111
C. Weideveld, Burgh-Haamstede 53
C. Zaansmeerpolder, Uitgeest 125
C. Zee van Tijd, Holwerd 165
MC. de Blikken, Groede 44 f.
MC. de Catshoek, Nieuwvliet 45
MC. VierVaart, Groede 45
Nivon C. Bandjaert, Wijk aan Zee 118
SC. Rotterdam 71
SC. Zeeland, Middelburg 31
StrC. Zuidduinen, Katwijk aan Zee 80 f.
WoMoStpl. de Zandweg, Zierikzee 60 f.
WoMoStpl. Harlingen 164
WoMoStpl. Willemsoord, Den Helder 148
WoMoStpl. Yerseke 32
WoMoStpl. Zandvoort 98

IMPRESSUM

Verantwortlich: Kerstin Thiele
Lektorat: Helga Peterz
Layout- und Umschlaggestaltung:
Helene Schumacher
Satz: Silke Schüler
Repro: LUDWIG:media
Kartografie: Huber Kartografie
Herstellung: Anna Katavic
Printed in Tukey by Elma Basim

Unser komplettes Programm
finden Sie unter

www.bruckmann.de

★★★★★

Sind Sie mit diesem Titel zufrieden? Dann würden wir uns über Ihre Weiterempfehlung freuen. Erzählen Sie es im Freundeskreis, berichten Sie Ihrem Buchhändler, oder bewerten Sie bei Onlinekauf. Und wenn Sie Kritik, Korrekturen, Aktualisierungen haben, freuen wir uns über Ihre Nachricht an Bruckmann Verlag, Postfach 40 02 09, D-80702 München oder per E-Mail an lektorat@verlagshaus.de.

Aus Gründen der besseren Lesbarkeit verwenden wir in diesem Buch das generische Maskulinum. Weibliche und anderweitige Geschlechter-Identitäten werden dabei ausdrücklich mitgemeint, soweit es für die Aussage erforderlich ist.

Bildnachweis: Alle Bilder im Innenteil und auf dem Umschlag stammen vom Autor (www.hans-zaglitsch.com). Illustrationen: Tiwat K/Shutterstock: passim

Umschlagvorderseite: Strand von Egmond aan Zee
Umschlagrückseite: Am Strand in Domburg

Die Deutsche Nationalbibliothek verzeichnet diese Publikation in der Deutschen Nationalbibliografie; detaillierte bibliografische Daten sind im Internet über http://dnb.d-nb.de abrufbar.

ISBN 978-3-7343-2734-6